吉本興業の約束

エンタメの未来戦略

大﨑 洋　坪田信貴

文春新書

1275

まえがきのまえなぐり書き　大﨑洋

「あと5年も経ったら、〝よしもと〟はこの世から無くなってるんちゃうやろか……」

デジタル革命に、DX化に〝よしもと〟は飲み込まれてしまう。

いや丸ごと喰べられてしまうんや。

社長になった10年くらい前に、よぎった感覚が、再び現実になってしまったと。後悔。

コロナ。

スンドゥブチゲをつくりながら、『梨泰院《イテウオン》クラス』を観てた。

キム・ダミちゃんの見上げた横顔を、テレビ越しに写メでパシャ。

〝よしもと〟は無くなるナ。

40年くらい昔。週末はいつも梨泰院に、ボクは居た。

大阪から、仕事をサボッて通い続けていた。

米軍基地があって、混沌とキムチと、目茶雑な町。

ネオンという名前のディスコでは、コメディアン達がコントを演《や》ってた。

ストリップショーも盛りあがってた。

店々の軒下には、パチもんのグッチやらシャネルのバッグや服がホコリにまみれて、ぶら下がってた。

ボクは、掘っ立て小屋のような質屋で、１９３０年代のイエローゴールドのロレックスを買った。

海兵隊の兄ィチャンが、おネーチャンに貢ぐカネ欲しさに質屋に流したんやろ。


学校を出て、就職口も無く、とゆーか働く気も無く。

ナントナク入社した「吉本興業」。

伊勢の安乗《あのり》の海で波乗りをしながら、古本屋やったんねん。

そんな暮らしを想ってた、ボクの70年代。

ソウルやプサンに通い続けた80年代。

90年代は、上海。

毛沢東が通っていたサウナと垢スリ。

いっぱいコスってとれた垢を丸めて渡してくれる。

ボクのもう一つの地球のよう。


場所や土地を移動した時に感じてた〝落差〟がずっと好きやった。

芸人さん達との出会いも落差の喜びやな。

まるで知らない〝星〟に遊びにきたような気分。

21世紀の新しいデジタルツインな〝よしもと地球〟を創らなければ。

それも、大急ぎで。

キム・ダミちゃんの写メをスマホの待ち受けにして、ボクはホッとひと息。

もう飽きたかなぁ。

42年間のサラリーマン生活の中で、こんなボクに、たった一つだけ自慢があるとするなら。

岡本昭彦くんを見つけて、吉本興業の社長のバトンを渡せたことだと思う。

新しい〝星〟の始まりの始まり。

岡本《おかも》っちゃんはホンマよく働く。アホや。


アホみたいなボクのおしゃべりに、よくもまぁ！　付き合ってくれた坪田くん。アバウトなおしゃべりをロジカルに説いてくれた。こんなボクを、プログラミングしてくれた坪田くん。心よりありがとう。

構成をしてくれた伊藤愛子さん。いつもおやつを持って来てくれた。気を許し合って、みんなで食べた。ありがとう。

編集をしてくれた大松さん。ボクの本を、それもタレントネタをあまりしゃべってないのに、出版してくれると。アホな勇気にありがとう。


よし、もっと、遊んだるねん。

まえがき　坪田信貴

吉本興業ホールディングスの社外取締役に僕が就任して、ちょうど2年の濃密な月日が経ちました。その間、実際には20年もの年月を過ごしたかのようにも感じます。

大﨑洋会長と初めてお会いしたのが、忘れもしない2017年の11月29日。代官山のレストランでした。初めてお会いして2時間も経たないうちに、「吉本の社外役員やってくれませんか?」と言われたあの瞬間は、思わず、「は、はい!　それが大﨑さんのためになるなら」と即答してしまいました。

というのも、その2時間の会食で、僕の心は完全に大﨑さんに摑《つか》まれてしまっていたからです。初対面の人に「この人を漢《おとこ》にしたい!」と、思った自分に対して少し驚きました。

業界のドンであり、圧倒的な有名人、実力者を前にして、今さら漢にしたいなんてある意味ではとても失礼なことです。

しかし、そう明確に思えたのです。なぜ僕がそう思えたかはきっとこの本を読み終わった頃に「そういうことか」と分かってもらえると思います。

それ以来、平均すると週に2回ほど大崎さんと会議、ゴルフ、会食、ラジオ、イベントなどでご一緒させて貰っています。

また、2日に一度は、「今日はスズメに餌をやった」とか、「今パリに出張に来ています」とか、「沖縄は今ずっと雨です」とか、恋人のやり取りのようなメッセージを送り合っています。

僕の中では、「尊敬する人」であり、「お父さん」であり、「一番仲の良い親友」という存在です。

しかし、一つだけ疑問を感じていました。

それは、社員さんや芸人さんの想像する畏怖すべき「大崎会長」と、愛らしい巨匠「大崎洋」の実像との乖離《かいり》が、なぜこんなにもあるのかということです。

また、芸人さんたちと話す中で、会社に対して「それは全く違いますよ」という認識を持っていらっしゃることに気付きました。

そこで僕はもっと大崎さんや岡本さんがメディアなりに出て、何を考えているのかを芸人さんや社員さん、また世間に伝えるべきだと進言しました。

しかし、あくまで吉本の社員さんは裏方であり、社員がメディアに出るぐらいならその分芸人さんにスポットが当たるようにするべきだという文化だから……と仰《おっしゃ》っていました。

また、あまりに岡本社長が激務で、ほとんどプライベートがないまま、いつも朝から深夜まで仕事をされている姿を見て、「なんでそこまで働くんですか？　自分が株主でもないのに……」と聞いたら、「みんな、勘違いしてるかもしれないけど……、結局タレントたちに活躍して欲しいからやってるだけ……」と、ボソッと仰いました。

その数カ月後に、「吉本騒動」が起こりました。

あの出来事に対して言いたいことは山ほどありますが、総じて会社と芸人さんたちのコミュニケーション不足と言えます。

僕の中では、「それみたことか！」という思いと同時に、「なんでこんなに人知れず、人のために裏方で頑張ってる人たちがここまで責められないといけないんだ」と歯軋《はぎし》りするほどいら立ちました。

そういう背景もあり、この本が多くの人たちの誤解（そして、それはコミュニケーションを取ろうとしなかった側の問題です）を少しでも解けたらと心から願います。

最初は大阪の中津で行った複数回にわたるトークショーの内容をまとめる予定でしたが、コロナの影響もあり、最終回のゲストの清水さんとはラジオ番組での対談となりました。

また、第5部の大崎さんと僕の対談はコロナによる自粛を受けて別途行うことになったりもしました。

とにかく紆余曲折があったこの本ですが、結果的には、ありのままの大崎さんや吉本興業の姿が映し出されたと思います。

芸人さんのコミュニケーション能力は異常なほど飛び抜けていますが、「その裏方」としての意識が強すぎて、あまりに神秘的で奥ゆかしく、外に対して全くコミュニケーションを取ろうとしなかった吉本興業の真の姿を、垣間見て頂けるものになったのではないかと思うのです。

百年以上、日本に笑いを届けてきた会社の過去と未来、そしてその中興の祖、傑物・大崎洋の「約束」にぜひ触れてみてください。

「カリスマ」とはこういうことかと分かってもらえると思います。

吉本興業の約束　エンタメの未来戦略◎**目次**

第1部　吉本会長が語る理由　19
――2019年12月4日　大阪・ラフアウト中津にて

第3部 タレントとの理想の契約

ゲスト・中多広志

――2020年2月19日　大阪・ラフアウト中津にて

若手芸人のギャラが安いのには理由がある
「文句を言うてるのは東京だけや」という大阪芸人
赤字を垂れ流しても百年後に回収できればいい
新しい時代の幸せって何やろう？

吉本非上場化で420億円の連帯保証人に
大﨑洋の魔力にだまされ長銀から吉本へ
反社やハゲタカファンドにも狙われた
激変するアメリカのエージェンシー・ビジネス
アメリカでも70％は契約書を交わしていない
自ら新しいプラットフォームを作る必要がある

「地方」と「アジア」にこだわった理由
掛け算を超える累乗思考のプロデュース魔術
ダウンタウンと一緒に吉本を辞めようと思ったことも
人生を終わる時、人間の幸せとは何か？

あとがき「大﨑さんの引力」　取材・構成担当　伊藤愛子

第1部　吉本会長が語る理由

――2019年12月4日　大阪・ラフアウト中津にて

大﨑　こんにちは。吉本興業の大﨑です。月並みですが、ご来場いただきまして、誠にありがとうございます。だらだらっとしゃべるんで、だらだらっと聞いてください。

適当に、でも一生懸命しゃべろうと思います。

すごく個人的なことになりますけど、今年（2019年）7月に66歳になりました。ふっと気が付いたら、どこに行っても自分がいちばん年長やなぁって状況になっていくんですね。若い頃は、自分がいちばん下とか、下から2番目ぐらいやったのに。1994年にダウンタウンが『HEY！ HEY！ HEY！ MUSIC CHAMP』（フジテレビで2012年まで放送）という番組を開始した時は、僕よりも年上のスタッフがいっぱいいてたけど、気がついたら、チーフプロデューサーだけが僕より年上で、他は全員年下になってしまって。だんだんいづらくなって、現場に行くのをやめてしまったということがありました。

年を取ったら取ったで楽しいこともあるんですけど、ちょっと寂しいところも出てくるもんですね。いま、吉本では定年制をなくそうと提案してるんやけど、「いや、それはちょっと難しい」とかいろいろ言われてます。でも、働きたい人はずっと働けるような会社のほうがいいやんねぇ？

3年ぐらい前から、「俺、もう社長するの飽きてきたから、早く代わってくれ」と、岡本（昭彦）くんにずっと言うててね。「いや、そうは言っても」とずっと断られてたんやけど、やいやい何度も頼んでたら、今年になって「はい」となって。そしたら、岡本くんが社長になったとたんに、吉本でいろいろ騒動が起きまして。もし社長のままやったら、あの記者会見を僕がやらなあかんかった。そう考えると、ラッキーやったかなぁ（笑）。でも岡本くんには悪いことしたなぁとも思ってます。あんなに、5時間半も受け答えしてくれてね。僕やったら、「うるさいわ！」ってケンカしてしまってたと思うんでね。

挫折の繰り返しで吉本に入社して42年

大崎　そんなこんなで、吉本に入ってもう42年かな。あと何年生きるかもわからん年になって、「自分はそもそも何をしたかったんやろう？」って、思うようになったんですよ。もともと特にお笑いの仕事がやりたくて吉本に入ったわけでもないし。岡八郎さんや笑福亭仁鶴さんを見ておもろいなって笑ってたから、なんとなく入ってしもただけでね。
僕は、挫折と言うと大げさやけど、気楽な挫折してるんですよ。子どもの頃、そろばん習っても、帰りにおでんを買い食いするだけが目的になって、すぐやめてしまった。以来、何もなしとげたことがない。習字を習っても、字を書くより、いかに墨を濃くすれるか熱中しただけで終わった。自分で習いたいって始めたギターも、ドラムも、英会話も全部続かんかった。中学の時に入った水泳部も、高校の時に入ったサッカー部も、途中で退部。もっとうまいヤツやもっと凄いのがいる。自分はそこまでになられへんと思ったら、そこでイヤになる。本を読んでも、「坂口安吾、何歳の時にこの作品を書いたんや」と思うと、自分にはそんなことはでけへんとすぐ諦めてしまう。

大学受験も2回失敗しました。自慢やないけど、中高6年間の定期テストは、全部カンニングで切り抜けまして。自分は鉄壁のリスク管理ができてるといい気になってたら、肝心の大学受験の時になって、ほんまの学力がないとどうにもならんことにやっと気がついた。1年目に受けたのが、広島大学と、日大の芸術学部。広島はええ町やなぁと土地が好きやったから受けただけなんですけどね。試験の前日にラブホテルにひとり泊まって、その時に高1の地理の総まとめをやっと見たという状態では受かるわけもない。白紙の答案用紙が恥ずかしかったんで、落書きをいっぱいして提出しただけで終わりました。結局、現役の時も、1浪目もどこも受からず。2浪目の時も、途中まではパチンコしたりして遊んでたんですけど。ふっと「今度すべったら、高校2回行くのと一緒や」と気づいた。現役で東大行く人だっているのに、「人間、こんな短い年数でこれだけ差が開くんや」と、しみじみ感心したりして。やっとちょっと勉強して、2浪して入ったんが、関西大学社会学部でした。そこを、留年危機を何度も味わいながら、なんとか4年で卒業した。僕は子どもの頃から「お前、アホやから吉本行かすぞ」と親に言われてたんですけど、その後、ほんまに吉本に入って。それもコネで入ったんやけどね。それから42年が経ちました。

吉本に入ってからは、朝も昼も夜中もなく、仕事をやってきて。気がついたら社長になって、会長になって。66歳になったいま、自分はほんまは何がしたかったんやろうと考えるようになったんです。年いけばいくほど、平凡がいちばん素晴らしい、ありがたいと思うようになるんですね。普通の結婚をして、普通に朝御飯や晩御飯を子どもたちと食べて、近所の銭湯に行って、みたいな生活をしたかったなぁとも思うんですよ。僕は吉本で月に1回しか家に帰らんような仕事ばっかりの生活をしてるうちに、嫁さんはもう死んでしまった。「ああ、平凡ってありがたかったんやなぁ」といまになって思います。もちろん、サラリーマン生活も、これまでの人生も楽しかったんですけどね。ここでもう一度、自分が何をしたかったのかを考えてみたくて、こういう場を作ってもらいました。

最近、好きな言葉があって、それは「約束」という言葉。ええ言葉ですよね、「約束」。66年の人生でいっぱい約束したなぁ。つきあってたおネーチャンに、「一生一緒におろなぁ」と約束したり。ダウンタウンの松本（人志）に「世界一になろうな」と約束したり。他にもいろんなタレントそれぞれに、あるいは社員に、元嫁に、息子に、いろんな人に軽々しく約束したんですけど、なかなかそれが守れなくて。このままじゃ、嘘八百の人生になってしまうから、ひとつずつでも、約束したことを実現していけたらなぁと思ってるんです。それが、これからのやりたいことなんですね。なので、このイベントのタイトルは「約束」にしたいと思ってます。

キングコング西野が繋いだ、大﨑＆坪田の縁

坪田　「約束」って、素敵なタイトルですね。

大﨑　ええやんねぇ？　いっぱい約束しながら、嘘ばっかりついてきたから。

坪田　贖罪《しょくざい》みたいな感じですね。

大﨑　そう贖罪やね。漢字でよう書かんけど。坪田くんとは、『才能の正体』（幻冬舎、2018年刊）を出しはった時にも、一緒にトークショーをやらせてもらった。東京、大

阪、福岡、どの会場でも、8割ぐらい俺がしゃべったかなぁ。

坪田　いやいや9割ですよ（笑）。

大﨑　『才能の正体』とは関係ない話ばっかりして。

坪田　イベントに参加した人にその場でツイッターで書いてもらった感想を、リアルタイムで会場のモニターに映し出していたんですけど、ある人から「今日は才能の話を聞きに来たのに」とクレームっぽい意見が出ちゃったんですね。そしたら、大﨑さんがそれを見て「俺はずっと才能の話をしとるっちゅうねん！」って反応したんです。これが僕は最高に大好きなんです。そもそも、僕が大﨑さんと初めて出会った時に、いきなり「社外役員になってほしい」って言われたんですよね。

大﨑　そう、そう。って、また話に割り込むけど。もうこれ、僕の悪い癖やね。会社でも部下がしゃべってるのに割り込んで、わぁってしゃべってしまうことがよくあって。人の話を聞くのも才能を育てる第一歩やのに、それがでけへんねんなぁ。

坪田　どうぞ、どうぞ（笑）。

大﨑　坪田くんとの縁は、最初、西野くんが繋いでくれたんですよ。

坪田　キングコングの西野亮廣《あきひろ》さんですね。

大崎　絵本作ったり、オンラインサロンやったり、いろいろ活躍してる西野くんです。2年ぐらい前に、その西野くんが「テレビに出たくない」とか「吉本を辞めたがってる」という噂が飛んでたんですよ。吉本には6千人もタレントさんがいますので、辞めていく人がいてもしょうがないことではあるんですけど、周りも心配してたし、一度会って話してみようと思って。「西野くん、メシ食おう」って声をかけたんですよ。そしたら、別に辞めたがってたわけでもなんでもなくて、2時間ぐらい、わぁって楽しいしゃべって。そしたら、西野くんが帰りぎわに「大崎さん、坪田さんって人に会ったほうがいいですよ」と教えてくれたんです。それで、坪田さんの携帯電話の番号聞いてすぐ電話して、「ご飯食べませんか？」って誘ったんです。

坪田　僕からしたら、大崎さんは〝芸能界のドン〟というイメージだったので、そんな人と一緒に食事するなんてすごくプレッシャーだったんですよ。それに、西野さんが紹介してくださったので、彼も来てくれるかなと思ったら、「いや、僕は明日から海外なんで、勝手に会ってください」と言われ、ひとりで会いにいくことになった。2017年の11月29日のことです。

大崎　その日その場で、「吉本の社外役員になってくれへん？」って頼んだんです。

坪田　僕は小さい頃から、母子家庭でずっと育って、父のことを全然知らないで育ったんですけど。大﨑さんは、自分のお父さんがこんな人だったら嬉しいなぁというような人だったんですよ。だから、「月イチで会社に来てくれたらええから」と誘われた時に、「わかりました」と言ってしまった。

大﨑　社外役員というのは、役員会に月1回だけ来て、発言してくれたらええというのが、基本やから。

坪田　僕は塾の経営や他の仕事も忙しかったので、「月1回ぐらいなら大丈夫ですよ」と返事をしたんですが。2年経ったいま、だいたい週に5回ぐらい吉本に行ってるという状態です（笑）。

大﨑　うちの社員、いろんな部署の子が、ちょっとわからんことあると、「坪田さん、会社に来て、教えてください」ってすぐ言うから。坪田さんは「はいはい」ってすぐ応えてくれて。吉本の社員って、アホやからなんでも質問する。したたかっていうか、可愛いですよね。

坪田　いやいや、いい会社ですよ。

大﨑以前と大﨑以降で吉本興業は大変身した

坪田　（会場のお客さんに向かって）皆さん、大﨑さんって想像したイメージと実際会ってみると違う気がしませんか？　（何人もの手が挙がる）そうですよね。「俺はアホや、アホや」とずっと言いまくってますけど、たぶん、そのとおりなんですよ（笑）。

大﨑　小学校の時の通信簿に、「大﨑くんはアホやのに、女の子にモテる」と書かれました（笑）。

坪田　だからこそ、凄いなと思うんですよ。全然、偉ぶらない。それから、ここが最も重要だと思うんですけど、大﨑さんは吉本興業の社長を務められた後、現在は会長をされてますが、たぶん、吉本興業という会社は大﨑以前と大﨑以降では全然違うんですよ。普通は吉本ってお笑いの会社というイメージでしょう？　ところが、実際に業務内容を見ると、本当に幅広いんです。まず芸能事務所として約6千人のタレントマネジメントをやっています。それから、劇場運営。全国にいま12カ所。大阪のなんばグランド花月をはじめ、全国にある。その劇場を中心に吉本主催で行われているイベントが、年間2万5千件。この数字、ヤバいほど多くないですか？　さらに言うと、テレビ番組の制作もやっていて、それが年間5千本。「住みます芸人」といって、全国各地で実際に芸人さんが住んで活動する地方創生に役立つシステムも作っています。それも日本だけではなく、アジアにも広がっていってる。他の分野もありますよ。このイベントをやっている「ラフアウト」というコミュニティスペースの運営。国連と組んで、SDGs《エス・ディー・ジーズ》といって国連が提唱する「持続可能な開発目標」というプロジェクトに関わる仕事もしていますし。僕が個人的に面白いと思うのは、ソフトバンクのペッパーくんっていう、人工知能ロボットがあるでしょ？　あの中身も実は吉本が考えてるんですよ。

大﨑　中に人間が入って、しゃべってるんや（笑）。

坪田　そうそう……ってはずはなく（笑）、ペッパーくんがどう受け答えするかを吉本が考えているんです。そのほかにも、沖縄国際映画祭や京都国際映画祭の運営を行っていたり、世の中のいろんな方面に、吉本がいる。これらは、大﨑さんが社長に就任してから始まったことがほとんどなんです。大﨑以前は、吉本はいわゆる芸能事務所で、かつ劇場をいくつか経営しているという会社でした。大﨑以降は、あらゆるところに吉本がいるという状態になっている。だから、大﨑さんは、こう見えて、実は天才的な経営者なんです。

僕は歴史が好きなんで、戦国武将でたとえると、「織田信長と豊臣秀吉と徳川家康を足した人」だと思います。3で割る必要がない。3人を足してそのままの人。要素が実は全部ある、凄い人。そういう部分を、大﨑さん自身は言わないし、社員さんもたぶんわかってないでしょう。というようなことを、僕は補足していこうと思います。

大﨑さんは、ダウンタウンさんのマネージャーさんだった人なので、ダウンタウンさんがスターになって当たったから社長になった、と思ってる人もいるかもしれないですけど、それは全然違うんですよ。もちろん、それも凄いことだし、ひとつの要素ではあるんですけど、それだけじゃない。あらゆるプロデュースをしてきた人なんです。それは人のプロデュースでもあり、場のプロデュースでもあり、会社のプロデュースでもあり、ということです。今回も「どんなトークショーにしたいか？」という打ち合わせをした時に、「参加してくれた人みんなを巻き込んで、みんなと会話したいんだ」みたいなことをおっしゃって……。

大﨑　そうそう。とりあえず、スタッフの紹介をしたほうがいいよね。働いている人が誰かわからへんのは、ちょっとだけ気持ち悪いから。えっと、君、名前何やったっけ？

――このまま、いきなりイベントを運営している周りのスタッフひとりひとりを紹介するコーナーに突入。大﨑さんは「もともとは何してたっけ？」と本人がしゃべらざるをえないように質問し、そこに補足説明を入れたり、茶々を入れたりして、どんどん会話を引き出していく。時には、「隠れてんと、ほら出ておいで」と促すこともあった。

「東京ではアウトでも大阪ではセーフや」というおばちゃん

坪田　主役である大﨑さんが一方的にしゃべるんじゃなくて。こうやって、人を紹介したりしつつ、いろんな人を巻き込んで話をしていくっていうのは、会社とかグループを強くする方法のひとつだと思うんですよね。

大﨑　坪田さんは、僕のこと、ええように言うてくれるでしょ？　これからしゃべりたいテーマはいっぱいあるんです。沖縄のこと、ノーベル平和賞を受賞したムハマド・ユヌスさん（バングラデシュの経済学者で、貧困層を対象にしたグラミン銀行を創設した）と話したこと、吉本が2021年に始める予定のBS放送のこと、「ラフ&ピースマザー」（「遊びと学び」をテーマにした教育コンテンツを配信する国産デジタルプラットフォーム事業）のこと、大阪万博のこと、子どもの貧困のこと、日本47都道府県とアジア地域の「住みます芸人」のこと、契約のこと、約束のこと、1986年に心斎橋筋2丁目劇場をつくった時のこと、89年に始めた「吉本新喜劇やめよッカナ？キャンペーン」のこと、仮性包茎の手術のこと……いろいろあります。

坪田　大﨑さんは、褒められると、そうやって照れてすぐチョケる（ふざける）んですよ（笑）。そこも可愛らしくて、素敵なんですけどね。

大﨑　大事なことなんや。キングコングの西野くんと初めて会った時も、吉本辞めたがってるという噂も飛んでるし、何をしゃべったらええかなぁと考えた末に、「奥さんが死んだ後、最初にやったことが、仮性包茎の手術」ってネタをしゃべったら、ウケて。おかげで、吉本辞めたいっていう気持ちがなくなったんちゃうかと思うんですよ。

坪田　こういう話も含めて、大﨑さんという天才プロデューサーがどう多くの人を惹きつけてきたかというのを、知っていただけたらなぁと思います。今年いろいろ吉本の騒動があった時、ダウンタウンの松本さんが大﨑さんのことを「兄貴やから」みたいに言ったでしょ？　松本さんのような日本のトップを走り続けてきた人から慕われるって、すごいことだと思うんですよ。『才能の正体』の時に開催した大﨑さんとのトークショーには、ハイヒールのおふたりが自発的に見に来てくれたんです。その時に、「私は、洋、命やから」なんておっしゃるし。キングコングの西野さんも、「本当に大﨑さんのことが好きなんです」っておっしゃってました。こんなにも大﨑さんが人を惹きつけるのはなぜなのか？

ということを伝えていけたらなぁと思います。

大﨑　それから、しゃべっていきたい大きなテーマは、大阪のこと。正直言うて、大阪は20年前ぐらいから厳しい状態にあるというのが、僕の実感なんです。大阪の人は「東京なんかに負けるか」とか「大阪は日本で2番や」とか思ってるけど、実際のところは、横浜やいろんな都市に負けてて、もはや2番目でもない。特に経済は、死ぬ寸前の〝茹で蛙状態〟や。だから、2025年の万博は大阪にとってラストチャンスだと思うんでね。

でも、大阪ってほんまは面白い街でしょ。それが東京や他の人にあんまり伝わってないんですよ。僕は（島田）紳助くんとはまだ年に2、3回ゴルフを一緒にしてるんやけど。「もう一回、復帰してぇや」ってそのたびに頼んでるんですが、「あれだけ追いかけられたから、もうイヤや」とか言うて、なかなか「うん」とは言ってくれなくてね。その紳ちゃんが、「フライデー」に載った時に、会社に苦情の電話がいっぱいかかってきたんですよ。でも、大阪のあるおばちゃんが、「紳助のあの事件、東京ではアウトかもしれんけど、大阪やったらセーフやで」と言うてくれてね（笑）。大阪の人は優しいですよね。そういう大阪の面白いとこを、もっといろんな人たちに知ってもらいたい。

さっき、社長の岡本っちゃんとも電話で話してたんですけど、出張で北京に行った時に、むこうのテレビ局やマスコミの文化部の人たちが、「東京よりも大阪に行きたい」とか「大阪のほうが面白い」と言うてくれるらしいんですよ。東京は政治の中心やけど、文化交流や一緒に番組を作ったりするのは、大阪でやりたいって中国の人が言うてくれる。これから、東京のいろんなオシャレな人や活躍してる人もこういうイベントにどんどん呼んで、大阪にまず来てもらって、大阪の人と交流してもらいたいと思っています。

観客を巻き込みしゃべりまくる、大崎流コミュニケーション

大崎　じゃあ、今日来た人はしゃーないと思って、ひとりひとり名前と「いま、こんなことしてます」とか言ってもらっていいですか？　東京から来てくれたって子もいたよね。開始前にちょっとしゃべったけど、「深夜バスで来て、深夜バスで帰ります」って言うてました。

それがきっかけで、東京から来た「大崎さんのファンなんです」という20代の女性から自己紹介を開始。大崎さんと坪田さんからのダブルインタビュー状態で、「沖縄国際映画祭も追っかけてる」というような話も飛び出した。彼女が乗らなければならないと

いう深夜バスの出発時間を聞いて、大崎さんは「それまでには終わるわな」と声をかけた。
その後は、「皆さん、イヤかもしれんけど、『こんなことしてます』とか、『しゃべるのイヤです』でもなんでもいいから、言うて」と大崎さんが促し、参加者ひとりひとりの自己紹介タイムに突入。夫婦で参加していた男性はギターの流しをしていると自己紹介。すると、大崎さんが、「流し？　お店まわってギター弾く？」「どこで？」「生で弾いてもらったら気持ちええもんね」「また来てください」「ちゃんとギャラ払うから」と、どんどん話を聞きだしていく。

坪田　このかけあいというか、コミュニケーション。みなさんにも、刻んでいただけたら嬉しいです。

客席の男性　ダウンタウンの松本さんが、騒動の時に「大崎さんが辞めたら、僕も辞める」とおっしゃっていて、どんな人かなぁと思ってたんですけど。けっこうオラオラ系の人かと思ったら、全然真逆で。すごい柔らかい感じですよね。

大崎　せやねん。社長になった時に、いろんなところに挨拶行くやんか。そしたら、「え、お前が社長?」みたいな反応をした人が6割ぐらいおりました。なんか、吉本興業の社長っていうと、ダブルのスーツ着て、オールバックの髪型でってイメージあるみたいで……。また、話の腰折ってすいません。

――自己紹介の途中に観客から大﨑さんに質問が飛ぶこともあった。「吉本の社員さんのファン」という女性からは、「(明石家) さんまさんのマネージャーをやっておられたのはどれぐらいですか」という質問が出た。

大﨑　僕は会社から正式にさんまくんのマネージャーをやれと言われたことはないんです。僕、ずっと窓際社員やったんで。ただ、『THE MANZAI』(フジテレビ) の漫才ブームの頃や『オレたちひょうきん族』(同) をやってた1980年頃に、吉本の東京事務所にいてたんで、さんまくんの現場のフォローはずっとやってました。どちらも東京に初めて行ったばっかりやから、右も左もわからなくて、六本木でふたりだけでご飯食べて、その後も喫茶店でお茶飲みながら話して、それでもしゃべり足らんから、また喫茶店はしごして何時間もしゃべってた、なんてことをその頃よくやってたんですけどね。いまは1

年に1回も会わないかなぁ。紳ちゃんが辞めることになった時に、ちらっと会ったぐらい。でも、若い頃ずっと一緒にいたから、全然違和感なくて、普通に話をしました。確か僕が社長になった直後やったから、「これ、渡しとくわ」ってお祝いくれたんですよ。10万円ぐらいやったかな。もっとちょうだいよって言うたんやけどね（笑）。そんな感じの関係です。

「死」というテーマは見つめすぎたらあかん

――中には、「現在無職でひきこもり生活をやっています」と打ち明ける観客もいた。

大﨑　（その観客に対して）吉本やったら何か仕事あるかもしれん。いま、働き方改革で、鋭意募集中やねん。後でスタッフに声かけてくれる？（スタッフに）後で話聞いてあげて。うちの息子ふたりもひきこもりで。兄ちゃんがひきこもりになって、弟に「兄ちゃん、見てこい」と言ってたら、弟も「うつった」となって、いまはふたりとも働いてない。ときどき兄弟で励ましあってるみたいやけど。最近、そういう人多いもんね。ナイーブなんやね。僕みたいなこんな性格でも、何年かに一回、ふ～って落ち込んでしまうことがある。坪田くんは、そんなことない？

坪田 僕は基本、ゲームや漫画大好きで、家にひきこもってるんで。大﨑さんは、そんなふ～っとなった時に、解消法はあるんですか？

大﨑 何もないんやけど、時々、すごく大事なことを考え始める時があって。「俺はやっぱりひとりやなぁ」とか、「もうじき死ぬんちゃうか？」とか、「もうお父ちゃんもお母ちゃんも嫁はんもみんな死んだな」とか、「その前の最初の嫁はんはまだ元気やけど、幸せにしてるかな？」とか、なんかぐるぐる考え始めて、「あかん、あかん、あかん」となってしまう時はたまにある。要は、死を見つめるみたいなことに繋がっていってしまう。人間、死ぬというテーマはめっちゃ大事なことやんか？　だから、見つめすぎたらあかん。大事なことだから、「はい、ここまで」と自分でコントロールするというか、うっちゃるということはせんといかん。「みんな死んでしまうんや」と思い始めたら、ひとりでガーッと穴に入って、出てこられへんようになってしまうやん。大事なことやからこそ見つめすぎたらアカンと……。

坪田 止まる術《すべ》を編み出しましたか？

大崎　編み出さない。自分では編み出してないんやけども、高校生の時に、庄司薫さんという芥川賞作家の『白鳥の歌なんか聞えない』という作品を読んだ時に感じたことがある。白鳥の歌っていうのは、スワンソングといって、人生最後になしとげることという意味もあって、そんなタイトルの本なんですが。そこに、死を見つめすぎたらアカンというようなことが書いてあると、僕は受けとって、それ以来、見つめすぎんようにしてる。

坪田　見つめすぎてるなと思った瞬間、大﨑さんは何をするんですか？

大崎　銭湯に行って、サウナと水風呂に繰り返し入る。

坪田　自分を整えるというやつですね。そういうやりかたを自分で持つということは大事ですよね。若い時からそうしてたんですか？

大崎　そう。実家には五右衛門風呂があってんけど、入りすぎて、出たとたんに気ぃ失ったこともある。

坪田　えーっ（笑）。確かに大﨑さん、めっちゃお風呂好きなんですよね。そういう、考えすぎない方法を自分で持っておいたほうがいいというのは、すごくありますね。

大崎　まぁ、それなりになんかやったらええねん。頑張らんでもいい。

騒動後、入院して手術していた「大﨑ちゃん」

坪田　こんなふうに参加者全員がしゃべるっていう、トークショーは初めてです。

大﨑　僕、酒を飲まれへんし。こう見えて、人見知りなんで、初めて会った人としゃべるの苦手なんです。最近はどうにかしゃべれるようになってきましたけどね。年いってきたんかな。ここ数年は、偉い人であろうと、国会議員の先生であろうと、東大の先生であろうと、しゃべったんねん。大阪のベタなおばはんみたいになって、初めて会う人にもしゃべったんねん。

坪田　しゃべったんねん（笑）。しゃべってやるってことですね。

大﨑　みんなも、若い時からそういうコツを覚えていきはったらええな、と思って、こうしてしゃべってもらってます。

――自主的に参加した、吉本興業の社員も数人いた。彼らにとって、会長である大﨑さんと直《じか》でしゃべるのは初めての体験だ。

社員　大﨑会長とお話できる場があまりないので、こうやって、貴重なお時間と場をいただいて……。

大﨑　会社で会長とか肩書で呼ぶなって言うのに、みんな「会長」って言いよんねん。その呼び名イヤやねん。なんかジジィみたいやん。「大﨑さん」とか、「大﨑」でいい。

社員　はい。

大﨑　なんなら「大﨑ちゃん」でいい（会場は笑いに包まれるが、社員は恐縮気味）。もう会長って言うたらあかんよ。それでね、「トップダウンでものごとを決めるのは良くないので、これからは若い人の意見を聞いて、ボトムアップでやるから」と会社で言うたら、「ボトムアップでやるということを、トップダウンで決めるんですか？」と質問された（笑）。そうなったら、あかんねん。だから、「会長」って呼びかけは、会社をダメにする。これからは「大﨑ちゃん」と言うてくれ。

社員　はい。「大﨑ちゃん」と呼ばせていただきます。では、大﨑ちゃんにひとつだけ質問していいですか？　僕は東京から大阪に異動になって、海原《うなばら》やすよ・ともこの担当となって、すごく人生観が変わったんです。本当に面白い漫才師だなと思っておりまして。それで、大﨑ちゃんは、〝やすとも〟を面白いと思いますか？

大﨑　面白いよ。でもそれは、ふたりに「大﨑ちゃんはふたりのことを面白いと思ってはると思いますか？」って聞いてみいや。そしたら、「大﨑ちゃん、絶対面白いと思ってはりますよ」って言うと思うよ。だから、そんなこと、いちいち俺に聞くなって（笑）。いまの社員の子ら、みんな真面目やねん。俺だけや、不真面目なんは。「フライデー」に8回も載ったりしてるから。ただの、反面教師や（その後、この本の出版までに2回「フライデー」に突撃取材を受ける。大﨑さん談）。では、次の方どうぞ。

女性　吉本の騒動があったので、大﨑さんが元気かどうかを見たいと思って、来ました。

大﨑　あの騒動が起こって、まだ収まってない最中に、僕入院したんですよ。副腎に腫瘍ができて、何年も前から切ったほうがいいと言われてたんですけど、ひどくなってきたんで。岡本っちゃんに、「ちょっとごめん。俺、入院するわ」と夏に3週間ぐらい入院してたんです。そしたら、なんか病院に逃げ込んだみたいな言われ方してしまいました（笑）。だから、岡本っちゃんには悪いけど、騒動のほとんどをわかってない。それで、10キロ痩せてしもてね。いま、3キロぐらい戻してるんです。でも、元気ですよ。

吉本社員の兼業や副業もありにしたい

大﨑　僕はこの場に来てくれたみんなが集まってできるような新しい仕事を作りたいんで

すよね。いまの仕事をやりながらでも、かまへんし。「こんなんやりたいなぁ」っていうアイディアがあった時、「私は8割かけます」とか「自分は1割だけ参加します」とか、それぞれ自分で決めて参加できる、そんな新しい仕事の形を作れたらなぁと思ってます。だから、何かアイディアがあったら、いろんな人に教えてもらいたい。

吉本の中でも、兼業や副業もありにしたろうって思ってるんですよ。アメリカ最大のタレントエージェンシーのひとつに、CAA（クリエイティブ・アーティスツ・エージェンシー）というのがあるんですが、そこのテレビ担当の部長さんなどは、年収20億円なんですよ（会場、その額の大きさにどよめく）。吉本興業で言うたら、副社長の藤原寛より下みたいな存在ですよ。それだけじゃなく、自分の制作会社を仲間と一緒に経営していて、そこの収入もある。広いイタリアンレストランもやってる。そんなんも、いずれありにしようかなぁと思ってるねん。ほんなら、めちゃめちゃみんな働くでしょ？

坪田　そっちのほうが断然いいですよ。

大﨑　ええでしょ？　もちろん、「吉本が8割持つで」とか「半々にしようか」とか。

坪田　それは取り分じゃないですね。出資分ですね。誤解のないように（笑）。

大﨑　例えば、個人で50万円、吉本が50万円出資するから、制作会社作って、「好きなようにやれ。経営せぇ」というようなことを、吉本の社員をしながらやれるようにしていきたい。

坪田　人間ってなんだかんだ言っても欲があるから、その欲をちゃんと満たしてあげる動線を作ってあげないと、なかなか動かないんですよね。先ほど話が出たムハマド・ユヌスさんがいらっしゃったイベントで、キングコングの西野さんたちと、ソーシャルビジネスについて話す機会があったんです。その時、例えば「海をきれいにしましょう」という活動はとても大切なことだけど、それだけで終わるよりは、海がきれいになることによって自分にはどんな得があるかという仕組みを作り出していかないと、大きく広がっていくことは難しいんじゃないか、というような意見を出し合いました。

吉本の社員さんたちって、みんなすごくいい人だし、面白いし、頑張っている。でも、裏方の社員という枠の中なんですよね。もちろん、それはみんな納得して好きでやってるんでしょうけど。これまでのシステムでは、例えばダウンタウンさんが大成功したからといって、大崎さんがめっちゃ金持ちになることはないわけですよね。これからは、社員さんにもちゃんと還元されるシステムがあったほうがいいと思います。それは別に会社の中だけではなく、社員さんが外部に会社を作って、そこに発注するということも、全然ありですよね。

大﨑　騒動の時に吉本のギャランティについていろいろ言われましたけど、ここでちゃんと公言しておきます。うちの会社のタレントさんへの支払いは、日本のたくさんあるタレントプロダクションの中で、いちばんとまでは言えへんけど、たぶんベスト3に入ってると思うぐらい、ちゃんと支払っています。詳しくは、契約をテーマにしたトークショーの時に、また言いますわ。

「ラフ&ピース」明るいところに人は集まる

――ここで終了予定時刻の9時近くになっていたが、大﨑さんは「あと、30分ぐらいやりましょうか」と、そのまま延長。観客との対話が続いた。

女性　うちの長女がダウン症なんですが、彼女が吉本のことすっごく好きで。劇場にも連れていってあげようと思って、一度お正月公演を見に祇園花月に行ったら、家族みんなでハマってしまって。それから7、8年、毎年、お正月公演を観に行っています。

大崎　ありがとうございます。娘さん、こういう場にも良かったら連れてきてください。子どもは可愛いですからね。こういう集まりの中にも、そういう個性のある子どもさんが居てくれると、空気もみんなの考え方も変わるでしょ。居てもらえるだけで、いいんですよ。だから、もしよろしければ、こういうトークショーにもぜひお連れください。まぁ、劇場と違って、笑わせられることは少ないかもしれないですけどね。ぜひぜひ。

坪田　音楽のコンサートなどでは、子どもNGみたいなことも多いですけどね。それは子どもが飽きて、泣いたり走り回ったりして、まわりに迷惑をかけてしまうということがあるからでしょうけど。でも、吉本の劇場というのは不思議で、子どももちゃんと楽しむんですよね。僕は先日、5歳と1歳の子どもを連れて、家族4人で、なんばグランド花月に行ったんです。5歳の娘は、呼吸困難になるぐらい笑ってました。

大崎　それって、アホちゃうか（笑）。

坪田　将来有望でしょ（笑）。こんなに娘が笑うのは初めてでした。帰ってきてからも、「もう一回見たい」というので、ユーチューブで見せてあげてるんですけど、毎回大笑いするんですよね。1歳の娘も一緒に笑うんですよ。

大崎　なんでやろうね。明るいところに人は集まるからね。笑顔とか笑い声があると、人もモノも金も情報もみんな集まってくるから、とりあえず明るくしておくのがいいんですよね。まぁ、なかなか明るくでけへん時もいっぱいあるねんけど、頑張って、へらへらでもええから、明るくしといたらええと、僕は思います。

坪田　それでいくと、吉本の会社としてのテーマに「ラフ&ピース」というのがあるんですが、これは大﨑さんが作った造語なんですよね？

大﨑　日本テレビさんと何か一緒にやった時に、作った言葉やね。

坪田　もともとある「ラブ&ピース」をもじった言葉なんですけど。ラブ&ピース、愛すれば平和になるって、必ずしもそうでしょうか？　愛はどちらかというと排他的ですよね。愛国心があるからこそ戦争が始まることも多いじゃないですか。愛が強まると、実は争いは起こりやすい。「ラブ&ウォー」になる場合もある。一方で、人が笑っているところというのは、いちばん平和な状態じゃないかと思うんですよね。「そのラフ&ピースを目指すのが、僕らの仕事や」というようなことを、大﨑さんがおっしゃったことがあって、僕はその言葉にめちゃめちゃ感動しました。

「吉本は家族やから」という言葉の真の意味

坪田　吉本がギャラのことで話題になって、若手の芸人さんが「取り分が少ない」と文句を言ったことがありましたよね。でも、これは僕も経営者でもあるので、経営者側の観点で言えば、若い人のライブなど、劇場で何かイベントをやった場合、制作費や人件費をいろいろ払ったら、満席でもほぼほぼ赤字なはずなんです。普通の経営者の感覚でいくと、そんなライブをやること自体、非合理なんです。会社としては赤字の公演なんて、やってもムダだから。やったとしても、ギャラなんて払えない。でも、吉本はちゃんと払っている。だけど、出演者の立場からすると、「満員なんだからもっとギャラがほしい」という気持ちになるのも無理はない話で。僕は大﨑さんに、「『こういう収支構造だから、会社は赤字をかぶってギャラを出しているんだ』ということをちゃんと知らせたほうがいいんじゃないですか」とお勧めしたことがあるんです。大﨑さんはその時、何とおっしゃったか覚えてますか？

大﨑　なんて言うたっけ？

坪田　「僕らは家族なんや」とおっしゃったんです。家族の間で「お金がないからこんなことはできない」とか、「赤字やから何も買えない」というようなことを全部説明したら、子どもはクリスマスプレゼントに、「これが欲しい」って本当に欲しいものが言えるか？　さほど欲しくもない安いものを「じゃあ、これでいい」って言うてしまう。そんな気持ちでライブを作っても、本当のクリエイティビティは生まれへん。親というのは、ちょっと苦しくても、子どもが欲しいというもんを実現させていくものや。その中で、子どもは成長していって、いずれは恩送りだとか恩返しみたいなことをしてくれるんや、とおっしゃったんです。僕はその時感動して、大﨑さんのことを「親分！」と思ったんです（笑）。

大﨑　いま同じ質問されたら、また違うこと言うてるかもしれんけど（笑）。

坪田　だから、儲からないライブやイベントに対して、「そんな赤字になることとやめろ」とはおっしゃらないんだなぁと思いました。

大﨑　吉本は沖縄国際映画祭を11年やってるけど、ずっと赤字で、1回で6億円ちょっとぐらいの赤字かな。全部足したら、60億円から70億円ぐらいの赤字。

坪田　では、次は閉会式の時に「今年の赤字はこれだけでした」みたいな発表したらどうですか？

大﨑　いやらしい、いやらしい。そんな場でお金の話なんて。

「俺はでけへんから」と部下に頼むリーダー

――会場にはMBS（毎日放送）のアナウンサー・上泉《うわいずみ》雄一さんも参加しており、上泉さんとのやりとりの中で、大﨑さんは「御社の（三村景一）社長と、僕は感じが似てるでしょう？　アホなところが」と言い始めた。

大﨑　ダウンタウンの『4時ですよ〜だ』（MBSで1987年4月から89年9月まで毎週月〜金の16時〜17時に放送されていたバラエティ番組）を始めた時からのつきあいやから、もう35年とかぐらい？

坪田　そのMBSの社長さんから聞いた話なんですけど。ふたりともまだ若い頃に、たまたまいた隣のエリアから、大﨑さんが部下と話してる声が聞こえてきたそうなんです。それで聞くともなしに聞いていたら、「こういうことをやってほしい」という話を大﨑さんがおっしゃって、部下の方は「いや、それはちょっと無理です。できません」と返事した。それでMBSの社長さんが、「大﨑さん、なんて言うかなぁ」と思っていたら、大﨑さんは、「俺がでけへんから頼んでるんや。お前以外に誰がやるんや。俺ができるんやったら、自分でやるわ」と言ったんですって。その発言に部下の方は笑っちゃって、引き受ける気になったらしくて、最終的には「結局できました」ということになったそうなんですよ。こういう、「自分にはできないことを、お前はできるから、ぜひやってくれ」という頼み方は、リーダーとしての大﨑さんの神髄だって気がするんですよね。

大﨑　それ、しょっちゅう思ってるわ。いまの社員にも、「俺がでけへんことやから、してくれって言うてるんやん。できるんやったら、自分でやってるっちゅうねん」って言ってる。

坪田　普通のリーダー論として考えた場合、強くないといけない、完璧じゃないといけないという考えにとらわれて、「俺はできない」ってなかなか言えないと思うんです。でも、大﨑さんは、できない自分を認めちゃう。それが、大﨑さんの強みだと思います。

思いつきから始まった「教育」の動画配信

坪田　大﨑さんは「これからは教育やるぞ」とおっしゃっていて、「ラフ&ピースマザー」という構想を始めてますよね？

大﨑　日本のいまのメディアは、テレビにしても動画サイトにしても、いろんなプラットフォームができはしても、結局は国内向けでしょ。かたや、アメリカからはネットフリックスやらアマゾンやらの黒船がやってきて、中国からはティックトックみたいな赤船がやってきて、それでなくても人口が減っていく日本のマーケットはこのままでは小さくなっていくしかない。だったら、外へ向かわないとしょうがないのに、海外に向けて発信する国産のプラットフォームがないでしょ。それでどうにかしたいと思って作ったのが、日本から世界に向けて動画配信する「ラフ&ピースマザー」というプラットフォームなんです。

いろんなマスコミで、吉本が百億円ものお金を政府から引っ張ったなんて言われてしまってるんやけど、まったくそんなことなくて。アイディアとして思いついたものの、どこと組んだらええかなぁと考えてた時に、知り合いがたまたまNTTの偉いさんを紹介してくださる機会があって。いまは社長になってる澤田純さんという人が当時は副社長で、挨拶しに行ったんです。

最初は、なぁんか怖そうな顔した人やなぁとビビッてたんやけど、ところがこの人が大阪の人で、実はちょっと吉本好きやった。それで安心して、「日本から世界に動画を配信するプラットフォームを作りたいんです。それを作らないと日本はダメになると思うんです」ということをワーッと説明したら、澤田さんは「よく、わかりました」と言ってくれてね。そこで聞かれたんや、「NTTはテレビ局さんともお仕事をしているので、そういうところとバッティングするものにはしたくないんです。そのコンテンツはどんなものにしますか？」と。こっちはそこまで考えてなかったから、一瞬言葉につまって「えーっと」となったんやけど、そこで口からポロッと出たのが「教育です！」って言葉。そんなこと考えてなかったのに、さもずっと考えてたようなフリをして、「教育です」と言ってしまった。すると、澤田さんが「そのとおりだと思います。わかりました」と話にのってくれはったんです。その時、澤田さんは社長に就任することが決まっていて、「これから1カ月半、世界を回らないといかんので。1カ月半後に連絡します」ということで、その場は終わった。岡本っちゃんも同席しとったから、「なぁ、教育って言うてしもたけど、どないする？」とふたりで途方にくれたんや。なにせ、「俺もアホやし、お前もアホやしってなぁ（笑）」。NTTの偉いさん相手に、なんか上品で賢いこと言わなあかんと思って、口からでまかせで「教育です！」と言うたものの、どうしたらええか、その時点では全然考えてなかったんです。

次に澤田さんと会うまでの時間に何か考えないといかんなぁと思ってた時に、ちょうど石戸奈々子さんという東京大学の工学部を首席で出て、10年以上前からNPO法人で子どものデジタル教育をやってる人に会ったんですよ。そのNPO法人が東京でイベントをやると、全国からお母さんと子どもが何万人と集まってくるほど人気が高い。その石戸さんに今回の件を説明したら、「大﨑さん、よかったらどうぞ、あげます」って、いきなりNPOを全部譲ってくれようとしたんです。天才というのは鷹揚《おうよう》ですね。さすがにそれはあかんから、「NPO法人はそのまま残して、新しい会社を作らせてください。ボランティアで働く方にも給料を払えるようにしますので」とお願いして、「じゃあ、そうしようかな」と快諾してくださった。おかげで、「これからは教育です」と口からでまかせを言った1カ月半後、わざわざうちの会社まで来てくれはったNTTの澤田さんに、いかにも昔から考えてましたって顔して、デジタル教育のプラットフォームを作りたいと説明して、出資していただいたんです。

そして、実際にコンテンツを作っていく時に、誰に頼もうかなと思っていたら、NHKの『チコちゃんに叱られる!』を企画から立ち上げたプロデューサーの小松純也くんに会う機会があったんで、「やってくれへんか?」とお願いしたら、参加してくれることになった。彼はもともと『ダウンタウンのごっつええ感じ』(フジテレビで91年から97年まで放送)のディレクターをやってくれてたフジテレビの社員で、いまはすっかり偉くなってヒットメーカーとなり、独立して会社も立ち上げた。口からでまかせから始まったけど、いろんな出会いのおかげで進んでます。

坪田　エンターテインメント業界が海外に侵略されている状態なのを、ちゃんと国産のプラットフォームを作って、適正に配分したいという思いからスタートして、これからの時代は教育だろうということで、進めているということですね。

お笑いで成功をつかむ〝アジアン・ドリーム〟を

坪田　実は、吉本興業はかなり昔から教育企業でもあるんです。古くは、戦前の1939年に「漫才道場」を開校されている。1982年からはNSC（「ニュー・スター・クリエイション」吉本総合芸能学院）が始まって、それからもう40年近くになるんですね。

大﨑　はい。高校を卒業したばっかりのダウンタウンが1期生で入って来た。

坪田　そういう意味では、狭い世界でただ面白い人だと思われていた人を学校で鍛え上げてスターにするって、これはまさに教育じゃないですか。だから、吉本は実は教育事業をやってきたんですよね。

大﨑　行き場がない子とか、勉強嫌いな子とか、なかなかちゃんとした職場につかれへん人たちが、やることない、しゃーないから漫才でもしようかと、吉本に入って、やがてスターになっていく。そういう芸人さんの成功の仕方って、僕はある意味〝アジアン・ドリーム〟だと思ってるんですよ。サッカーや野球で成功していくドリームもあるでしょうけど、それと同じぐらい大きなドリーム。しかも、漫才はバットもボールも何もいらない。ふたりの会話だけで成立する芸で成功すれば、年間1億円とか10億円とか稼げる。こんな夢もあるということを、アジアの子どもたちにも知らせて、希望を持たせてあげたいなと思うんですよ。

坪田　お笑いって確かに、アジアン・ドリームですよね。

大﨑　元手も何にもいらんでしょ？　漫才みたいに、ふたりの会話だけで成立する芸って、世界の中でもほとんどないんですよね。昔、喜劇作家の香川登志緒（登枝緒）先生が亡くなる前に「大﨑くん、漫才というのはふたりの会話だけで成立する芸やから、いつまでもなくならへんと思う。頼むわな」って、言うてくれたんですよ。香川先生というのは、藤山寛美さんの芝居や『てなもんや三度笠』（朝日放送制作で62年から68年まで放送されたコメディ番組）なんかの脚本を手掛けた、大阪の喜劇の世界では神様みたいな人で、ダウンタウンのことも早い時期から評価をしてくださった人なんです。その人が漫才のことをそんな風にずっと残る芸やと、言うてくれはったんです。僕はまだその頃若かったから、「何言うてるねん、このじいちゃん」と軽く捉えてましたが、いまになって思うと、香川先生の言葉は真実やったよな、と。何もないところからふたりの会話だけでつかめる、アジアン・ドリームや。まずお金がいらん。体格や見た目や頭脳の才能に恵まれる必要もない。背が高かろうが低かろうが、滑舌が悪かろうが、車いすに乗っていようが、笑いはとれる。中学から学校に行ってない子も、東大を出た子も、「漫才やります」とスタートした時点では、同じ土俵やからね。

坪田　そういう意味では、社会貢献というか、お笑い芸人さんの教育事業を、吉本はずっとされてるんですよね。

大﨑　吉本はいろいろ事件というか、問題を起こすことも確かにあるんですけど、世の中の夢でありたいというかね。貧乏でも、勉強できなくても、人を笑わす仕事を頑張ってやったら、何とか食うていける。なんなら、1億円プレーヤーにもなれる。

坪田　「吉本のギャラが安い」だのなんだのって言われた時に、「1億円プレーヤーが何人いると思ってんねん」、「何千万円もらってる人もいっぱいいる。こんな企業は他にない」とおっしゃってたことがありましたね。

大﨑　確率はええでしょ。だから、そういうアジアン・ドリームがあることを、これからはアジアの他の国の子にも伝えていきたいなと思ってるんですよ。

第2部　大阪を元気にしたい

ゲスト・ハイヒール

――2020年1月16日　大阪・ラフアウト中津にて

ハイヒール（リンゴ・左、モモコ・右）
1982年コンビ結成。NSC 1期生。
テレビ番組で活躍しながらも、漫才師として舞台に立ち続けている。

大﨑　僕は吉本の社員となって42年。サラリーマンでもあるし、タレントのマネージャーをやってきて、裏方でもあるので。なるべく表に出ないということをよしとしていて、表に出るチャンスがあれば、タレントさんに出てもらったほうがいいなと思ってやってきたんです。でも、昨年、ちょっとした騒動がありまして、会社のことやどんな思いで仕事をしているのかということを、ちゃんと発信していかないといけないと考えるようになりました。こういう機会を利用して、吉本の会社のこととか、ギャラがどうなってるかみたいなことも、直接的じゃなく、なんとなくですけど、しゃべって、わかってもらえたらなぁと思っています。

大阪で話す機会をもうけている理由は、大阪についてもっと知りたい、考えたいという思いがあるからなんです。これから、大阪では万博もある、IR（統合型リゾート）もできる。関西復権のラストチャンスじゃないかな、という気がするんですね。昔は、〝大大阪（ダイオオサカ）〟と言われて、世界的にも6番目か7番目かの大都市やったんですが、いまはそうでもないという現状があります。大きいほうがいいということでもないんやけど、やはりもう一度、活気のある大阪を目指していきたいんですよね。そんな時に、つながりがあったほうがええし、「新しいプロジェクトが始まります」とか「こんな社会問題があります。みんなで解決しませんか？」というような連絡や相談ができる場があったらええな、ということで、大阪の中津でトークショーをすることになりました。ゆくゆくは、僕がいなくても、みんなで情報発信したり、相談したり、大阪で新しいコミュニティができていくような、この場がそのスタートになればいいなと思っています。

吉本の社長になると、講演依頼って山ほどくるんですよ。これまで、そういうことはほとんどお断りしてきました。こう見えて、人前でしゃべるのは下手くそやし、そのくせしゃべりだすと止まらへん。ペラペラいらんこともしゃべって炎上するに決まってるので、自重してきたんです。ところが、いろいろ発信したほうがいいということもあって、こういうトークショーを始めたんですが、ひとりでは心もとないし、論理的にしゃべることができないので、『ビリギャル』（『学年ビリのギャルが1年で偏差値を40上げて慶應大学に現役合格した話』KADOKAWA）の坪田くんに、一緒にしゃべってもらうことにしました。坪田くんと一緒にいる時間があると、まだ自分も成長できるし、なんかできることがあるんじゃないかと思ってね。

僕は大阪で生まれて、大阪で育って、「アホやから、吉本に行け」と言われて吉本に入って42年。そのうち、35年ぐらいは東京にいてて、この20～30年は、大阪に帰ってくるのは月1回ぐらいしかなかったので、いまの大阪のことをほとんど知らんのです。だから、大至急、大阪のことを知りたいと思って。今日はハイヒールのリンゴねえさんと、モモコねえさんの、おばさんふたりに来てもらいました。

――「誰がおばさんやねん！」と客席後ろから声が飛ぶ。そこには、人気漫才師ハイヒールのリンゴさん、モモコさんが座っていた。

大﨑　今日はギャラなしで来てもらいました。

リンゴ　ギャラくれって言うたら、闇営業になってしまうから（笑）。

大﨑　闇営業で来てくれました。

リンゴ　オブザーバーみたいな感じでいいですか？

大﨑　誰がオブザーバーや。そんなええもんか。

坪田　一切台本がなくて、このやりとり。これが天才の世界ですね。

大﨑　いろいろ大阪のこと教えてほしいので、2時間のうち15分ぐらい、これからのことをちょっとしゃべって。残りの1時間半ぐらいで大阪のことを教えてくれるか？

大阪は地方創生の中心になれる

大﨑　これからのことをまずお知らせすると、今年の4月からKBS京都のラジオで、日曜深夜に1時間レギュラー番組を持ってしゃべろうと思ってます。まぁ、若い芸人の子たちの悩み相談コーナーみたいなのを作ったり、直接しゃべったりしたら、あんな騒動も起こらへんかったやろうからね（笑）。KBS京都の社長さんと食事をした時に、これから京都に文化庁も移転するし、京都から世界に発信するみたいなことがあってもええかなという思いもあって、「ラジオさせてください。自分でスポンサー集めますから」ということになって。社長さんも喜んでくれはったので、始めることになりました。

それから、沖縄では、いろんなメディアや官公庁の方がいつも1月に新年の挨拶をする集まりがあるんですけど。そこでラジオ沖縄の社長さんがひとりでちょっと寂しそうにしてはった瞬間があったんで、そこでも「ラジオさせてください。自分でスポンサー集めますから」と言ったら、喜んでくれはって。何のあてもなかったんですけど、ラジオ沖縄でも30分しゃべることになりました。

坪田　いきなり、レギュラーが２本になったんですね。

大﨑　それともうひとつ、吉本はＢＳ放送を始めます。総務省さんから認可を受けたので、２０２１年12月をめどに、放送局をひとつ作るんです。

坪田　これはすごく大きな転換で、これまでは芸能事務所として放送局から仕事を請け負っていたのを、吉本自体が放送局になるということで。けっこう凄いことですよね。

大﨑　そうです。ところが、吉本は他の放送局から仕事をもらっているんで、吉本がＢＳの放送局をもってしまうと、取引先の放送局と競合する可能性があるわけです。でも、競争したって勝てるわけないし、バッティングして迷惑は絶対にかけたくない。そこで考えたのは、吉本のＢＳチャンネルは、ほとんどすべての番組を地方創生の番組にするということです。全国47都道府県、何千何百とある市町村を紹介する番組ですね。すると、バラエティやドラマや情報番組をやってる、地上波やＢＳの他の放送局とバッティングしないし。地方の経済が大変やという中で、少しは役に立てるんじゃないかなと思ってね。そこで、大阪は万博も控えてるし、地方創生の中心になれるんじゃないかとも思ってるんです。大阪が頑張って、地方を元気にしていきたい。疲弊してる農業や、後継者のいない商店街や、問題が山ほどある地方を、応援できるチャンネルにしたいんですよね。吉本が作る放送局やけど、売れてるタレントは一切出ませんっていう感じにして。もちろん、地方で「住みます芸人」やってる若い子たちには出演してもらうんやけど。そしたら、他の放送局ともバッティングせぇへんし、地方も元気になるし、吉本としても新しいことができる。ウィンウィンにできるんちゃうかな、と思っています。

坪田　では、それを受けて、今回の参加者の方のために、大﨑洋がどういう人かという話と、先ほどされた話がどういう意味を持つのか、解説っぽいことを少しさせていただきます。僕は、大﨑さんって「織田信長と豊臣秀吉と徳川家康を足した人」だと思ってるんですが、実際に見ると、へらへらしてません？　さっきも、ハイヒールのおふたりが楽屋にいらした時に、いきなり子どものケンカみたいなことを3人でされるんですよ。

大﨑　ちょっと大きなったと思たら、俺にエラそうに言いよんねん。

坪田　そういうところも含めて、人たらしなんですよね（笑）。この人に「これやって」と言われたら、ノーと言えない雰囲気があるんですよね。先ほどの、ラジオのレギュラーの話でも、「ラジオやらしてくれへん？」って言って、「ぜひぜひ」ってことになるのは、何も吉本の会長だからできたことじゃないと思うんですよ。たぶん、大﨑さんが違う立場であったとしても、できたでしょう。何が言いたいかというと、大﨑さんのような要素を持つことによって、皆さんも同じようなことができる可能性があるということを、わかっておいてほしいんです。それから、もうひとつ、秀吉的な要素でいうと、大﨑さんは、昔、占い師から「この人は掃除夫から社長になる人だ」って言われたそうなんです。

大﨑　そんなことあったかなぁ。でも、確かにNSCができてすぐの頃は、毎日、掃除はしてたね。千日前にあった学校の前は、酔っ払いのゲロや立ちションとかがひどかったからね。

坪田　実際に秀吉みたいな立身出世の人なんですよね。吉本っていうのは108年も続いている会社で、当時は創業家の力がものすごく強くて、普通にサラリーマンとして入社した人が社長になるなんて、まずありえないことでした。その点でも、大﨑さんは秀吉っぽい。一方で、たぶん我慢に我慢を重ねて、会社から疎外されていたこともありながらそれを乗り越えて、最終的に盤石《ばんじゃく》な体制を築いたところは、徳川家康っぽい。そして、いままでの規制や常識を取っ払って壊してしまったというところは織田信長っぽい。信長というのは、あらゆる改革をして、業界の既得権益みたいなものを全部ぶっ壊した人です。だから、嫌われる側面もあれば、凄い功績をあげている側面もあって。まさに、大﨑さんはそういう人なんです。

大﨑　大阪にいると、ネットワークを広げていくのって、なかなか難しいでしょ？　僕、若い時に、悔しい思いをしたことがあってね。35年ほど前に心斎橋筋2丁目劇場という新しい劇場を始めて、NSCの1期生、ダウンタウンやハイヒールやトミーズとゼロからスタートして、1年ぐらいした時にやっとお客さんがいっぱいになってきた。それで、当時のフジテレビの『オレたちひょうきん族』や『THE MANZAI』のスタッフに、「見に来てください」と頼んで来てもらってんけど、「なぁんか、ちっちゃな古臭いものを見せられた感じ」というようなことを言われて、ムカーッともしたし、ショックも受けて。『4時ですよ〜だ』という番組が成功して、心斎橋に暴動が起きるとまで言われるほど、ファンが押し寄せて凄いことになってたというのに、誰もそんな大阪での盛り上がりを知らんし、大阪で頑張ってる様子を直接見ても、「なんだかせこいものを見せられちゃった」って反応でした。そのぐらい、東京からしたら、大阪のことなんて視野に入ってないんです。

ところが、大阪人は、「大阪は日本で2番目の都市や。東京なんかに負けるか」って、ものすごい東京を意識してるでしょ。最近できた、大阪駅の北側のなんとかってとこも、東京のまんまマネしたみたいな商業施設作って、アホちゃうかって思ってるんです。

坪田　大崎さん、そういえば、そのビルの担当の人に直接おっしゃってましたね。「東京のマネしてるだけじゃないですか」みたいなことを。

大崎　まぁ、僕の個人的意見で、会社としての意見じゃないけどね（笑）。そんな東京のマネしたってしょうがないでしょ。だから、大阪独自のええところを、もっとみんなに紹介していきたいし、これからの大阪のことを大阪で考えたいと思って、しゃべっていこうと思っています。じゃあ、モモコねえさん、リンゴねえさん、お願いします。

大崎＆ハイヒール、38年間のディープな関係

ハイヒールは、キャリア38年の女性漫才師。1982年に作られた吉本興業のお笑い養成所・NSCの1期生として在学中にコンビ結成。「ヤンキーだった」モモコさんと「現役女子大生」だったリンゴさんという珍しい組み合わせで、注目の存在となる。86年にオープンした心斎橋筋2丁目劇場の立ち上げメンバーとして、同期のダウンタウンらとともに尽力した。その後、関西のテレビやラジオのレギュラー番組を多数持ち、活躍。ふたりとも結婚し、モモコさんは3児を出産、リンゴさんは妊活休業を経て、コン

――ビで仕事を続けている、新しい時代の女性芸人として先駆的な存在だ。新ネタの漫才もコンスタントに披露しており、劇場にも立ち続けている。

リンゴ　どうも、ハイヒールです。よろしくお願いします。なんか、お客さんのほうが緊張されてるみたいですけど、大丈夫？　テープ回してない？

モモコ　岡本社長みたいなこと言いな（笑）。

大﨑　モモコやリンゴとこうやってしゃべるのって、30年ぶりぐらいなんですよ。いまは1年に1回も会えへんなぁ。

モモコ　ちらっとしゃべったりするぐらいですね。

大﨑　5、6年前か、飛行機の中ですれ違ったことがあって。挨拶をわーっとされてんけど、誰かわからへん。化粧してなかったから。

リンゴ　化粧落としたら、うちの相方、坂田利夫師匠といっしょやから（笑）。

モモコ　素顔じゃ全然わかってもらえない（笑）。でも、今日のお客さん、若いから『4時ですよ～だ』なんて知ってる？

リンゴ　（前列の女性がうなずくのを見て）あ、知ってる？　案外、年いってます？

大崎　お前が言うな（笑）。

リンゴ　皆さんは、このトークショーに何を求めてこられてるんでしょう？　それをまず知りたいですね。どういう話を聞きたいのか。

大崎　さすがリンゴやね。司会進行慣れてる。賢いわ。

リンゴ　これでお金もろてます（笑）。

モモコ　（客席のひとりに）今日は何が聞きたいと思って来られました？

客席の女性　いますごく活躍されてる方たちが、どんなことを考えてどう行動されてるのかというのを、直《じか》に聞いてみたいなと思って。

モモコ　なるほどね。大﨑さんや、タレントさんがどういう風に働いてるか、直接の声を聞きたいってことやね。

リンゴ　さっき、坪田さんが大﨑さんについて、「織田信長と豊臣秀吉と徳川家康を足した人」っておっしゃってましたけど、まさに言いえて妙だと思います。歴史上の人物って、発想をバーッて言う人と本当に実現する人がいますけど、大﨑さんはその両方が……。

大﨑　リンゴ、脚、細なったなぁ。

リンゴ　放っといて。

大﨑　昔、脚ぶっとかったで。

モモコ　この人、落ち着きのない大人でしょう？

坪田　大﨑さんは褒められると、急に話をそらしだすんですよね。

リンゴ　そういうところはあるよね。

大﨑　でも、リンゴはええところがあってね。僕の嫁さんは5年ぐらい前に亡くなったんですけど。いまでも〝きっしょきっしょ〟というか、季節季節の節目にお墓参りにちゃんと行ってくれてるんですよ。

リンゴ　これでも、私、優しいところあるのよ（笑）。みんな私のことをきっつい女と思ってるでしょう？

モモコ　さっき、坪田先生が「掃除夫から社長になる人」って言ってましたよね。私らはNSCの1期生で、ダウンタウンやトミーズと同期なんですけど、大﨑さんは東京から大阪に移ってきたばっかりの頃で。ほんまにあの頃、大﨑さんはずっと掃除してたもんね。

坪田　本当ですか？

大﨑　何年前やったっけ？

モモコ　38年前。

大﨑　モモコ、いまいくつ。

モモコ　55歳。（なぜか笑う大﨑さんに）人の年を聞いて、笑うな（笑）。大﨑さんとの出会いは18歳の時。

リンゴ　その頃、大﨑さん、ほんまに掃除してたもんね。同期の女の子が、「ここ、掃除して」って言うたら、大﨑さんモップもってきて、ほんまに掃除してはりましたよ。

坪田　トークショーが始まる前におふたりに挨拶した時に、モモコさんが大﨑さんのことを「初めて私にいろいろ教えてくれた大人です」とおっしゃってたんですが。その言い方はちょっと意味深長だと思っちゃいました（笑）。

モモコ　そんな変な意味じゃなくて。私はド不良のヤンキーで、なんも知らんで、吉本に入ったから。そこで出会った大﨑さんから、「花月っていう劇場があってな」って、一から教えてもらったんです。

大﨑　アホがアホに教えただけやねんけど。

モモコ　ほんまに、そんな感じで。私はお笑いのことはもちろん、一般常識もなんも知らんかったから。ラジオの周波数の合わせ方から教えてもらいました。「スイッチ入れたらガガガーッて音出るやろ。ほんで、ダイヤル回して、ガガガーッて音がやんで声が聞こえたら、それがラジオ番組や」って。

リンゴ　モモコと初めてネタ合わせした時に、モモコが『暴走族　その光と影』って本を持ってて、「そこに載ってるの、私の彼氏」ってそんな子やったんで。衝撃でした。

モモコ　リンゴは現役の女子大生やったからね。私はほんまになんも知らんかったから。NSCの1期生は、みんな大﨑さんに何もかも教えてもらってるよね。

大﨑　ハイヒールはデビューしてすぐ、モモコだけがちょっと先にテレビの仕事が決まって、売れてしまったんやけど。

モモコ　『エンドレスナイト』（関西テレビ）という深夜の生番組のレギュラーに私だけが決まって。

大﨑　リンゴは別に文句も言わんと、素直に喜んでくれてなぁ。でもちょっと寂しいんちゃうかなぁと思って、リンゴと定期的にお茶飲んでた時期もあったよな。

リンゴ　大﨑さんは、そういう配慮もしてくれるんです。

モモコ　「リンゴちゃん、お茶行くか？」って言うてくれたりね。あと、ダウンタウンのふたりも、土曜の夜は私が『エンドレスナイト』に出ておらへんから、リンゴひとりで寂しいやろうって、海を見に連れていってくれたこともあったんよね？

リンゴ　そうそう。海を見に行ったのはええねんけど、途中でコンビニに入ったら、レジにテレビがあって、ちょうど『エンドレスナイト』が放送中だった。モモコひとりが出てる番組を見たら辛《つら》いやろうって、ダウンタウンのふたりが私をレジに行かさんようにしてくれたこともありました。

モモコ　同期はみんな仲良かったから。ダウンタウンやリンゴが海に行くって話を聞いて、私は私でテレビ局にひとりで行かなあかんから寂しくて。「私も一緒に海に行きたい」って思いながら仕事してた。

リンゴ　NSCの1期生は師匠がいないし、学校には先輩もいないから、みんな仲良かったんですよ。「あの先輩芸人さんは怖いで」とかって情報をまわしたりして、協力してた。

モモコ　それまでは、師匠に弟子入りして修業してから舞台に立つのが普通やったのに。NSCはそうじゃない新しい形やったから、〝学校出のもん〟みたいな感じで、なかなか認めてもらえなかったんですよ。楽屋に居場所もないような状態で。それだけに、同期は結束力あるよね。

坪田　大﨑さんって何か、ひとことで言うと、やっぱり天才的なプロデューサーだと思うんですよね。それも、ゼロから1を生み出すプロデューサー。ハイヒールさんと出会った頃のことでいえば、なんば花月というのがすごく隆盛で、吉本のメインの劇場だった時代に、そのアンチテーゼ的な、吉本的ではないものを作ろうとしていくとか。あるいは、劇場メインのビジネスだったのに、テレビなどのメディアにも積極的に出ていくとか。ゼロから新しいことをスタートさせて、盛り上げていくわけじゃないですか。そのあたりのことをハイヒールのおふたりはよくご存じなんでしょうけど。２０１９年に吉本の騒動が起こった時に、リンゴさんから僕、ＬＩＮＥをいただいたんです。そこに「大﨑洋をよろしくお願いします」みたいなことが書いてあったんですよ。

リンゴ　あの時は酔うてました（笑）。

坪田　「助けてやってください」みたいなことを。

大﨑　リンゴの助けなんか、いらんわ（笑）。

坪田　モモコさんも直接お会いした時に、「大﨑をよろしくお願いします」っておっしゃって。出会って30年以上経つおふたりから、同じような言葉が出てきたんですよ。この関係性って、いったい何なんだろうと思ってね。実際、ハイヒールのおふたりが、大﨑さんと密におられたのは何年ぐらいなんですか？

大﨑　ちょっとの間だけやな？

モモコ　NSCに入ったのが82年で、『4時ですよ〜だ』が終わったのが89年。それから大﨑さんはダウンタウンと一緒に東京に行っちゃったから。でも、離れてても、大﨑さんはやっぱり私らの最初のマネージャーやから。何かと頼りにしてました。うちの父が亡くなった時も、当時の担当マネージャーじゃなくて、まず大﨑さんに、「お父さん死んだけど、どうしたらいい？」って電話して。

大﨑　まるでアホの子のように聞いてきた（笑）。

モモコ　なんでも大﨑さんに聞けばいいと思ってました。

リンゴ　私の父が亡くなって、半年後にモモコのお父さんが亡くなってということがあって。大﨑さんはちゃんとどちらのお葬式にも来てくれたんですけど、うちの葬儀に来た時に、「お父さんとお母さんは、仲悪かったんか？」と聞いてきたんですよ。それ、葬式の時に言う？　確かに最後のほうは仲良くはなかったですけど。「お母さん、泣いてなかったな。仲悪かったんか？」って。

モモコ　自由やなぁ。

リンゴ　ほんま、大﨑さんは自由。

コンビ愛とマネージャー愛、どちらも複雑

坪田　一緒に活動してきたのはわずかな時間なのに、なんでおふたりはそんなに〝大崎っ子〟なんですか？

モモコ　やっぱり、最初のマネージャーっていうのはすごい大きい。

坪田　最初のマネージャーってだけが理由なんですか？　小学校1年生の担任の先生は最初の先生ですけど、そんなにつながりがあるかというと、そうではないですよね？

リンゴ　自分の人生のターニングポイントで会った人だからかな。

坪田　ということでしょうね。

大崎　ふたりの賢い会話やなぁ。

モモコ　じゃあ、私もターニングポイントでってことで（笑）。

大崎　リンゴの答え、パクッたやん（笑）。

モモコ　こういう時でも、大崎さんは、「リンゴが」ってなったら必ず、「モモコが」と言って、「モモコが」ってなったら、次は「リンゴは」とふってくれる。絶対ふたり一緒に言ってくれるんです。それって、コンビの私らからしたら、嬉しいことなんですよ。だから、人たらしなんですよ。

坪田　ああ、秀吉的なやり口ってことですね（笑）。そこは意識してるんですか？

大﨑　ダウンタウンの松本が「浜田（雅功《まさとし》）のことをめちゃめちゃ嫌いな時期があった」って、最近テレビでネタにしてたけど。昔、僕がニューヨークに出張に行ってる時に、携帯に松本から電話がかかってきたことがあって。いかに浜田が嫌いかってことを、延々8時間ぐらい語られたことあったなぁ。

モモコ　国際電話で、めっちゃ高くつくやん。

大﨑　いまニューヨークやってこと、松本は知ってるはずやと思いながらも、ただ話を聞いててんけどな。「嫌いや」って話をそんなに長々できるってことは、それだけ好きなんや。コンビって家族や友達とも違うねんけど、そんな複雑な感情ってあるやん。だから、できるかぎり、コンビとしてのバランスを考えてあげたいというか。『エンドレスナイト』でモモコが売れた時に、松本と浜田がリンゴを外に誘い出したりしてたんは、そんな感情を知ってるからじゃないかな。

坪田　じゃあ、ある程度は意識して、バランスを考えておられるということですか？

大﨑　僕は入社したての時に、西川のりお・上方よしおのマネージャーやってんけど、『のりおくんなんか大嫌い』というタイトルのイベントをやった時に、その時のポスターに、上方よしおの名前を入れへんかったんや。それで、よっさんに「漫才コンビをどう思ってるねん」ってめちゃめちゃ怒られた。「もちろんのりさんのおかげでここまできたけど、その扱いは違うんちゃうか」って。その時、僕は駆け出しで、なんでよっさんがそこまで怒ってるのか意味がわからんと、「なんでそんな怒られないかんねん」って言い合いになってしもたんやけど、後で気がついたんや。コンビというのはそういうもんなんやと。自由におもろいことやるのりさんがおって、のりさんを活かしてるよっさんがおって、ふたり合わせてのりお・よしおなんやなぁって。だから、よっさんやほかのみんなにも教えてもらって、コンビというもんや芸人さんというもんを勉強していったんや。そこで言い合ったからこそ、いまでも、「よっさん」「崎やん」って呼び合える仲やし。

そう言えば、のりさんって、京橋駅の売店で、毎日タダでスポーツ紙を全部立ち読みするっていうぐらい、ケチで有名やねんけど。それが、20年ぐらい前やったかな、「初代マネージャーとして崎やんには、いままで世話になったから、これもらっておいてくれ」って、白金《はっきん》のロレックスの時計をくれてん。後で調べたら5百万円ぐらいするらしい。

モモコ　え〜、それって、私らにも何かくれって言うてんの？

大崎　いやいや。だから、そのロレックス、もったいないから、使ってないねん。

リンゴ　もったいないからこそ、使いましょうよ。

坪田　コンビ同士の関係も独特ですけど、タレントとマネージャーというのも、普通の感覚じゃないところがありますよね。

大﨑　そうやなぁ。夫婦や親子とはまた違う愛情があるから。それはそれでモメることもいっぱいあるんやけど。

モモコ　タレントは売れたい、マネージャーは売ってあげたいという思いがある。それだけに、意見がぶつかって言い合いしたりすることもあります。でもね、駆け出しの子を担当してるマネージャーに聞いたら、最初に2万～3万円しか稼げなかった子が、何十万円も稼ぐようになったら、給料明細を渡す時に、「これだけ稼げるようになったんや」と、ものすごく嬉しいそうなんですよ。自分の給料にはね返ってくるわけじゃないのにね。それがマネージャーなんやなって思いますね。

大﨑　それは思うなぁ。僕が吉本に入った時に、同期入社でナンバー1はなんば花月を担当しながら、三枝（現・桂文枝）さんの現場とさんまくんのマネージャーになって、ナンバー2はうめだ花月担当で、やすきよ（横山やすし・西川きよし）さんの現場と紳助・竜介（島田紳助・松本竜介）くんのマネージャーやってんけど、期待されてへんかった僕は

「大崎は京都花月担当、以上」やったんよ。まぁ、会社って人を見る目あるなぁって感じやねんけど（笑）。当時の京都花月は、それこそ、新喜劇の出演者が舞台に15人と客席3人みたいな状態で、後に閉館してしまうような劇場やったから。自分で何かせんとあかんと思って、「のりお・よしおのマネージャーしたいんですけど」って、自分から進み出てやったという経緯があるんです。

リンゴ　それはまた、なんでのりお・よしお兄さんやったんですか？

大﨑　なんか変で面白かったんや。若くて元気な頃やったから、うめだ花月で漫才やってる最中に、突然、舞台袖の幕にグワ〜ッてよじ登ったりすんねんもん。

モモコ　よう、そんなんのマネージャーやりたいと思うわ（笑）。

大﨑　なかなかのアヴァンギャルドやろ？　大阪ってそういうアヴァンギャルドな土壌があると僕は思ってて、それを、のりお・よしおの漫才の中に感じたんや。それで、担当になって、『のりおくんなんなんか大嫌い』ってイベントやったり、山岸潤史さんというブルースギターの名手と組んで、のりお・よしおブラザーズバンドっていうバンド組んだり。まぁまぁ、失敗もしながら、いろいろやったんです。それで、次に年配の人のマネージャーもせぇと言われて、ついたのがW《ダブル》ヤング。それで、Wヤングの担当としてマネージャーやってたら、自覚ができてくるねんな。「やっぱりWヤング、おもろいなぁ」って気持ちになるんよ。当時ナンバー1やったやすきよさんより、「Wヤングがいちばんや」と思うねん。

モモコ 担当マネージャーにそう思われたら、嬉しい。

大﨑 マネージャーってそういうもんなんや。

リンゴ そういうふうにマネージャーが思ってくれたら、タレント側もわかるんですよ。すると、頑張れるというのは、あるよね？

モモコ 愛を持って売ってくれてるというのがわかってると、信頼感が違うから。例えば、私がAの仕事をしたいと言って、担当マネージャーが「いや、Bの方がいいです」って意見が分かれた時も、絶対に自分のことを考えてのことやから、「わかった。Bにする」って、関係性になってくるんです。

リンゴ それで、タレントとマネージャーが癒着じゃないけど、密接になりすぎていく危険もあるから、ある程度になったら、担当替えがあったりする。

モモコ シャッフルされるんですよ。

大﨑 それは癒着ということじゃなくて、芸人さんにとっては迷惑かもわからへんけど、ある程度で担当変更をしていかんと、社員にいろんなことを経験させられへん、というのがひとつ。もうひとつの理由は、タレントから「あのマネージャー、ちょっと替えてほしい」っていうことがあった場合に、「ハイヒールのふたりがイヤがってるから、替えるで」とは言われへんから。そんなことがあってもわからんように、何もなくても担当変更をするようにしてるんや。

リンゴ　そこで私らの名前出したら、なんか言うてるみたいやん（笑）。

モモコ　はっきり言うとくけど、私らそんなわがまま言うたことないからね。

大﨑　まぁ、組織として、全体を考えての担当替えはあるよな。

組織のジェラシーでダウンタウンから引き離された

リンゴ　大﨑さんはずっと東京で仕事をされてきたので、こうして大阪でイベントをしてくれたり、テーマとして大阪再生を取り上げてくれたりすると、「大﨑さん、大阪に帰ってきてくれたぁ」って感じがする。

モモコ　ほんま、嬉しい。

リンゴ　89年にダウンタウンが東京へ行った時に、私たちはそのまま大阪に残ることになったんですが、本音で言ってしまうと、「一緒に東京に行きたい」という思いもあったんです。でも、大﨑さんひとりでそんなにたくさんの芸人の面倒は見れないし。私ら女の芸人も全部一緒に行ったら、大阪の空気がそのまま行くことになるから、東京で受け入れられるわけがない。そこで、新たに始めた『夢で逢えたら』(フジテレビで88年から91年まで放送されたバラエティ番組。ダウンタウン、ウッチャンナンチャン、清水ミチコ、野沢直子が出演していた)では、野沢直子ちゃんとか、清水のミッちゃんとか、東京の香りがする人と一緒にやっていくのが、成功につながる絵じゃないですか。……ということは、何年も経ってからわかったんですよ。当時はそれがわからなかったから、「これまで学芸会みたいにみんなで楽しくやってたのに。どうしてみんなと一緒に東京に連れて行ってもらわれへんの?」という思いはあった。でも、私たち女の芸人は大阪で仕事があったから、大阪に残しても大丈夫と思ってもらえたんやろうし。それが理解できたのは、何年も経ってからです。

モモコ 『4時ですよ～だ』って、ダウンタウンが始めて、すごい人気があったから。89年にその番組が終わるっていうので、涙涙の最終回やった。そしたら、次の週から「おまえら、ふたりでクイズ番組やれ!」って言われて、どう気持ちの整理つけたらええんか。

でも、やらなあかんし。私は「みんな東京に行って、頑張ってや」みたいな感じでした。

大﨑　ダウンタウンだけ東京に行って、『4時ですよ〜だ』に出てた今田耕司とかは、「これからは、新喜劇や」っていうて、吉本新喜劇に行かせてな。

モモコ　その時期に「新喜劇やめよッカナ？キャンペーン」やったのも、大﨑さん。すごい人気のあった新喜劇がかなりアカンようになった時期があって。大﨑さんは、「お客さんが来てくれへんかったら、吉本新喜劇やめます」っていう「やめよッカナ？キャンペーン」を打ち出したんです。

大﨑　当時の新喜劇は、2回目の夜の興行の時に、舞台に13人、客席5人、舞台のほうが人多いがなってこともあった。

リンゴ　大﨑さんのことを描いた『笑う奴ほどよく眠る　吉本興業社長・大﨑洋物語』（常松裕明著、幻冬舎）という本に、ダウンタウンで成功したから、会社に「ほな、おまえ、新喜劇も立てなおせや」って言われたみたいなことが書いてありましたよね。

大﨑　あれは「ダウンタウンはもうお前が担当せんでもええ。新喜劇やれ」って、無理やりダウンタウンからはずされたんや。組織のジェラシーで、新喜劇の担当になっただけ。

モモコ　ダウンタウンがデビューしたての頃は「何がおもろいかわからんわ」って全然評

価されてなかったけど、大﨑さんは「ダウンタウンは絶対おもろい。いつか、この笑いがみんなわかる時が来る」って言い続けてた。

リンゴ　そうそう。ダウンタウンが全然仕事ない時から、スケジュール表を作って、3人で打ち合わせする予定しかなかったとこから、2丁目劇場立ち上げて、苦労してやっと売れたのに。大阪で人気になったら、今度は会社のジェラシーで大﨑さんはダウンタウンと引き離されそうになったんですね。

大﨑　まぁ、組織のジェラシーっていうのは、どこでもあるもんやからね。

モモコ　でも、その時に吉本新喜劇担当になって、それが「やめよッカナ？キャンペーン」で、またすごい当たったんですよね。

リンゴ　それまで、新喜劇は座付き作家の方がいて、その人が書いたら何でも通るみたいな感じやったらしいんですよ。それを、新しい作家さんを入れて、いまの若い感覚も取り入れて、ヤングジェネレーションの新喜劇に変えた。

モモコ　その時に、すごい改革をしはったから、いまの新喜劇が、若いやる気のある子が座長になるというシステムになったんです。

リンゴ　吉本新喜劇は歴史60年っていうてるけど、大﨑さんたちが改革してからの、ここ

30年は新生吉本新喜劇と言えると思います。
坪田　なるほどね。さらにいうと、吉本興業自体も、ここ30年で違うものになったでしょ。大阪の人からしたらもともと凄いところだけど、東京だと「吉本、何それ？」という感じだったのが、いまは違いますよね。
モモコ　本当に東京では知られてなかった。『THE MANZAI』で紳竜さん（紳助・竜介）やザ・ぼんちさんとかが出てから、ちょっと変わってきた。
大﨑　紳助に声かけたら、ここに来てくれるかな？
モモコ　大﨑さんが声かけたら、来てくれると思うわ。
リンゴ　大﨑さん、すいませんけど、いま相方がエエ話をしてたんですよ（笑）。
大﨑　話の腰折るからって、そうイライラしな。
リンゴ　イライラはしてない（笑）。
坪田　リンゴさんは、そういう役割をしてくださってるんですよ。
大﨑　この癖が治らへんねん。会議でも、「じゃあおまえ、しゃべれ」って社員の子にふっといて、いざしゃべりだしたら、「いやいや、これはな……」って言いだしてしまう。
モモコ　治らんなぁ。

2025年大阪万博での野望

大崎　話いろいろ飛んだけど、今日しゃべりたいテーマは、「大阪を知る」やねん。僕が東京にいた35年の空白を埋めて、「いまの大阪はこんなんですよ」って語ってほしい。

リンゴ　それやったら、そうと説明して。

大崎　言うたやん。今日のテーマはふたつある。ハイヒールさん、どうぞって。だから、ふたりに大阪のことを教えてもらいたい。

モモコ　私らはずっと大阪におるからね。

リンゴ　大阪人ってすごく東京を意識してるんですけどね。私がたまに東京で仕事させてもらって思うのは、東京の人って、そんなに大阪のことを意識してない。福岡も北海道も大阪も一緒の感覚なんですよ。東京の人にとって、大阪は一地方都市にすぎない。大阪だけが、「東京、東京」って言ってる。

モモコ　なんやったら、「東京より大阪のほうが絶対おもろいやん」と思ってるのに、東京は大阪のことなんか興味がないって感じ。

リンゴ　北海道のほうが興味あったりする。

大﨑　政治は、これはしゃーない。東京が中心や。話の腰を折るようやけど。

リンゴ　腰折ったんじゃない。話をとったんです、いま（笑）。

大﨑　それで、経済も、なんやかんやいうても、いまは東京や。ほとんどの企業の本社は東京やからな。

リンゴ　東京、大阪の両方本社とかね。吉本もそうですもんね。

大﨑　それから、文化。これも、劇場もライブハウスも東京のほうがいっぱいあるし。レコード会社も出版社も、ほとんど東京や。

リンゴ　じゃあ、大﨑さんはどうしようって……。

大﨑　でも、これはしゃーない。よしとしよう。でももうちょっと経済の面で細かく考えると、大きな会社は確かにほとんど東京にある。でもな、もともと大阪は中小企業の町やった。だから、中小企業をどう強くするかを考えたほうがええと思うねん。ホリエモン（堀江貴文）さんとかは、「本来淘汰されるべきものは淘汰されなあかんのに、変に補助金を出して延命させると、産業全体が滅びる」という考え方やねんけど。僕は、「大企業は東京。でも、中小企業は関西に任せなさい」というシステムを作れば、経済は大きくふたつの流れができて、ひとつは大阪が取れると思うねん。もちろん他の地方も、大阪を中心に一緒にやろうということになればいい。なので、２０２５年の大阪万博は、世界中の中小企業がいっぱい集まった万博にしたいなぁと、まだ超個人的な段階やけど、僕はそう思ってます。

坪田　ちなみに、大阪万博を主催する協会のシニアアドバイザーに大﨑さんと桂文枝さんが就任されました。

大﨑　文枝さんは別にいらんかったと思うけど（笑）。

リンゴ　いります（きっぱり）。

モモコ　両方おったほうがええからね。

大﨑　で、次は文化のことやねんけど。大阪にはお笑いがあるじゃないですか。

モモコ　これだけは日本一。

大﨑　僕はね、お笑いは心のインフラやと思うねん。鉄道や水道が生活のインフラなら、お笑いは人と人とをつなぐインフラ。だから、お笑いという文化を育てることは、日本全国や、やがては中国やアジアとつながっていけるインフラを作ってるんやと思う。大阪人はみんな世話焼きで、困ってる人や悩んでる人に、「あんた、どないしてんねん？」って声かけたりするでしょ。「笑うことは許すこと。許すことは笑うこと。笑い合って許そう」

っていうのがいいなぁと思うんですよ。そして世話を焼いて、お互いに笑い合うっていうのが、大阪の文化。それを日本全国に、あるいはアジアに広げていけたらなぁと、考えてるんですね。

リンゴ　大﨑さんが東京に行かれてから30数年で大阪が何か変わったか知りたいっておっしゃったので、そのあたりのことを言うと、「いまの大阪人は、ちょっと自信をなくしてませんか？」という感じがします。何もかもが東京中心になってしまっている現実が、いまの大阪人を小ぶりにしてしまっているというか。

大﨑　せや、そういう部分もある。でも、さんまくんとかはさすがやなぁと思うねんけど、大阪の放送局でテレビやラジオに出てるやんか。

モモコ　されています。いまもされてます。『痛快！明石家電視台《テレビ》』（毎日放送）とか。

大﨑　まぁ、『さんまのまんま』（関西テレビ）のレギュラー放送は終わってしもうたけどな。東京中心で仕事をしてるけど、大阪をちゃんと気にしてる。それで、松本や浜田も大阪でやるようになったやろ。

モモコ　東京で売れっ子になってから、また大阪で番組を持つようになった。

大﨑　それは芸人独特の勘で、ちょっと大阪のこと気にしたいって思うとる。

モモコ　絶対思うとる（笑）。ひがしのり（東野幸治）も、今田も、最近みんな大阪で仕事をし始めてるもん。

大崎　大阪が地盤沈下してきてるのを肌で感じて、「なんか大阪でやれることあるんちゃうか」っていうのもあるし、番組をやってみたら、「大阪っておもろいな、楽しいな」っていうのを、感じてるんやと思う。芸人としても、大阪で仕事をすることがちょっとチャンスやないかっていう、そんな空気もあるんちゃうかな？

坪田　江戸時代は、大阪は天下の台所と言われて、経済流通の中心だったんですよね。それが、経済も東京が中心になって、リンゴさんがおっしゃるように大阪が小ぶりになってきてるというのは、確かかもしれないんですが。最近、大崎さんがやたらと大阪大阪とおっしゃっていて。僕は、吉本の社外取締役をさせていただいてるんですけど、月に1度の取締役会というのがあって、基本的には大阪で開かれるんですよ。本当は社内役員も社外役員もほとんど東京に住んでる方々なので、東京でやるほうが便利なんですけど。でも、よっぽどじゃないかぎりは、月1回大阪で取締役会をしてるんです。

リンゴ　それはなんでですか？

大崎　それは吉本のルーツ、原点は大阪にあるってことで。もちろん、それは社員もみんなわかってることやねんけど、やっぱり大阪の街を肌で感じて会議をするってことが大事なんと違うかなぁと思って。

坪田　すごく大阪を大切にされてるんだなぁと感じます。

大﨑　ちょっと話が戻るんやけど。坪田さんがさっき、ゼロから1を作ったって、褒めてくれたじゃないですか。もちろん、ほんまはゼロから1やなくて、先人の作ったものをパクッて1から2にしただけのことも多いんですけど。ゼロから1を作るのと、1から100を作るのは大違いやと、僕は思っていて。例えば、2丁目劇場を作る時はやっぱり、ゼロから1やったんですよね。劇場の支配人がAさんからBさんに替わりましたとか、社長が交代しましたとかなら、もともと劇場や会社のシステムがあって、そこからということなんで、ゼロからじゃないでしょ。でも、これから新しい会社を作ろうとか、新しい劇場を立ち上げようという場合は、全部ゼロから考えていかないと始まらない。骨組から作らんといかん。心臓はどこや？　神経はどこに這わす？　手や脚はどこに何本必要？　全部手探りの状態で考えて、失敗もしながらやっていくしかない。2丁目劇場の時は、本当にハイヒールやひがしのりや板尾（創路《いつじ》）や今田やキム兄（木村祐一）や山田花子やダウンタウンと一緒に、ゼロから始まったんや。ほんまにチケットもぎりひとつにしても、なんば花月やったら、松原のおかんっていうおばちゃんがやってくれてはったんやけど。

リンゴ　それはお茶子さんっていう、楽屋の世話をしてくれる人もいたんです。

大﨑　でも、2丁目を始めた時は、人を雇うお金もないし。だから劇場に来てるファンの子に、「ちょっとバイトせぇへんか」と声をかけて、来てもらったんです。

坪田　そうなんですか?

大﨑　そう。すると、お客さんと同世代の子なんで、仕事しながら気軽に話をするでしょ。「今日誰を見に来たん?」「誰が面白かった?」って普通に声をかけて、お客さんも、「ダウンタウン見に来たけど、今田、東野も面白かったから、ファンになりました」なんて話をしてくれる。今日は誰目的で来たか、満足してくれたか、っていう声が自然に集まってくる。その結果、チケットもぎりをするのは、お客さんと同世代のほうがええってわかって、それを定着させたりね。

照明さんやメイクさん、そのほかいろんなことも、同じように、ゼロから考えて、思いついたことをやってみて、失敗しながら、ええ方法を見つけていった。ゼロからスタートするのは大変やけど、やってみると、そのほうが面白い。身につくねん。何も決まってないところから、みんなでワーワーいいながら、試行錯誤しながら、やっていくのが楽しいんよ。あぁ、暑ぅ（とジャケットを脱ぐ）。

モモコ　めっちゃええ話してたのに、自分で腰折って（笑）。

リンゴ　大﨑さん、自由すぎ。

若手芸人のギャラが安いのには理由がある

大﨑　ごめんね、また僕がしゃべるけど。もうひとつ言いたいのは、芸人の子が「会社は何もしてくれへん」とか、文句というか、ある意味正しい意見をワァワァ言う時があるじゃないですか。それは確かにそうなんや。でもな。昔読んだ本で、農場の話が載ってたんやけど。お芋さんを作る時に、ビニールハウスで、水や肥《こや》し、温度管理に気をつかいながら、蝶よ花よと育てたもんと、自分の力で根を生やして、枯れた土地でも水を頑張って吸うて、太陽の出る方向に葉を生やして、自分で頑張って光合成して育ったお芋さんと、どっちがおいしいかっていうたら、自分で育ったお芋さんのほうがおいしいそうなんですよ。まぁ、芸人さんをお芋さんにたとえたらいかんのやけど、同じことが言えると思うねん。温室で大事に育てられた芸人さんよりも、自分の力で苦労して努力して、悔しい思いして、泣いて恥をかいてるほうが、ええ芸人、味のあるおもろい芸人ができるでしょ？　そういうことを意識して、2丁目劇場を僕は作ったつもりなんです。まぁ、不平不満があるのは、そのとおりな部分もあるんやけど、そこは自分が判断して、吉本で頑張ってやるのか、自分でやっていくのかは、あんたの人生やから、自分で判断しなさいってことなんですよ。いろんな情報は渡すけど、辞める辞めへんは、自分で決めたらいい。そう思って、僕は吉本でやってきたつもりなんです。

モモコ　いいと思いますよ。

大﨑　それも2丁目劇場で学んでやってきた。

坪田　いまの話で実際に科学的な調査があってですね。

大﨑　ほら、坪田くんがちゃんと論理的に説明してくれる。

坪田　昆虫のセミは1週間の寿命ってよく言われるんですけど、あれは実際、1週間じゃないらしいんですよ。実際は成虫になってからも1カ月ぐらい生きるそうなんです。

リンゴ　えっ、そうなんですか？

坪田　自然に生きてるセミが、成虫になって何日目かどうかの調査って難しいじゃないですか。GPSつけたら、すぐ死んじゃうし。いろいろ調査した結果、実は羽化したあと、1カ月ぐらい生きてることがわかったらしいんですね。セミというのは、何年も土の中にいて、地上に出てきて脱皮して、成虫になって飛んでいくんですけど。幼虫の状態から、殻をやぶって出てくる時が、超大変なんだそうです。もがいてもがいて、殻をやぶって、羽根を広げて、羽ばたいていくまで、何時間もかかる。ある時、幼虫の殻の背中に、人工的にメスで切れ目を作る実験をやってみたそうなんですよ。すると、幼虫から成虫になりやすいでしょ。何時間ももがかずに、成虫になって飛んでいける。ところが、人工的に切れ目を入れて、もがかずに成虫になったセミは数日で死んじゃうらしいんです。自然に成虫になったセミは1カ月ぐらい生きるのに。つまり、幼虫から成虫になるときにもがいてることが、実は生命力を強くしているということが、科学的な調査でわかったということなんです。

大崎　それは人間にも当てはまると思う。だから、「劇場に出てギャラは5百円でした。交通費払ったら赤字や。ひどい」なんて若い子は言うけど、必要なもがきなんよ。

リンゴ　芸人がそういうこと言うのは、笑いをとるためでもあるんですけど。

モモコ　我々もネタとして、よう愚痴ってますけどね。2丁目時代に、5百円玉を大崎さんが「ギャラや」ってくれたの覚えてるわ。新しいお金やからどうやって感じで。

大崎　ふたりは2丁目の頃からのつきあいやから、冗談言いながら、「今日はギャラなし」

とか「今日は10円」とかって当たり前のようにやってたやんか。まず信頼関係があった上でのやりとりやったわけで。内情を言えば、2丁目劇場を借りるのに、当時は1日20万円かかってる。座席は114席しかなかったから、満員になったとしても、入場料5百円で、合計5万円ぐらい。そこから、照明さん、メイクさんなどのスタッフへの支払いもあるから、どう考えても赤字や。でも、プロの芸人として舞台に立ったんやから、「たとえ百円でもギャラは払う」という気持ちで渡してる百円やのに、「たった百円しかギャラくれへん」「えー、ひどい。吉本取り過ぎ」みたいに言われてしまうとなぁ。デビューしたての芸人であったとしても、「その百円の意味をわからなあかんで」と思う。また、百円っていう部分だけを見て、一部マスコミが「吉本はケチや。搾取《さくしゅ》してる」って書くんやけど、それは違うということは言っておきたい。

モモコ　そもそも舞台に立てるのは、先輩たちが頑張って劇場を作ってくれはったという歴史があってのことですからね。

大﨑　そうそう。吉本108年の歴史の中で、(笑福亭)仁鶴さんや、やすきよさんや、いくる(今いくよ・くるよ)ちゃんや、中田カウス・ボタンさんやオール阪神・巨人くんや、のりお・よしおや新喜劇の座員や、いろんな先輩がみんなでやってきて、積み重ねてきた仕事の中から、ちょっとずつお金を貯めて、新しい劇場だってできてるわけでね。ひとつも貢献してないのにかぎって、「ギャラ安い。ひどい」って言う。そうなると、「今日の客はおまえを見にきたんちゃうで」「他のメインの人にお金払ってくれてるんやで」と言いたくなる。「おまえスベッてたやないか」っていうのにかぎって、文句を言うんや。

モモコ　厳し～い！

大﨑　そこをちゃんとわからないと、将来勝ち残っていかれへんよ、ということなんよ。というようなことを、いちいちテレビや記者会見で言うわけにもいかへんので、こういう場でちょっとずつは言っておきたいと思います。

坪田　大﨑さんは、人や番組のプロデュースだけじゃなくて、場とか空間とか、流れみたいなものを全部作るんですよね。ギャラがどうのっていう話も含めて、2丁目劇場というのは、ゼロからというよりマイナスからのスタートだと思うんですよ。当時の吉本という組織から考えた時に、まずNSCの1期生というのがすごい特殊で、それまで師匠に弟子入りして修業してデビューするのが当たり前だったのが、学校を作って、その1期生をどう売っていこうかということから始まって、彼らが活躍できる場として作られたのが、2丁目劇場だと思うんですね。一方で、これまでの芸人さんたちが活躍するなんば花月というのが吉本の象徴的存在としてあった。その中で、2丁目劇場を作りましょう、NSC卒業生の場を作りましょうとなったら、相当、足を引っ張られてるはずなんですよ。社内的にも、先輩芸人さんとかにも。

モモコ　大﨑さんはようこらえていたと思います。

坪田　ということは、予算は大してついてないはずなんです。

リンゴ　鋭いご意見。

大﨑　予算なんかゼロや。

坪田　ですよね。予算ゼロの中で劇場を作って。集客したくても、NSC卒業したてで、みんなまだ誰にも知られてないわけでしょ。そんな人たちをメインに劇場をスタートさせるって、尋常じゃないですよね。しかも、社内的に足も引っ張られてる、予算もついてない、知名度はないという状態で、どうやって、劇場から人があふれて社会現象とまで言われるところまでいったんですか？　しかも短い時間で。

大﨑　劇場始めて、7、8カ月はお客さん2、3人やった。ダウンタウンもハイヒールも、みんな手売りでチケット売ってたなぁ。

モモコ　手売り手売り。道行く人に声かけて、チケットをその場で売る。それで、警察につかまりそうになって、逃げてきたりとかもあった（笑）。

大崎　ヘアメイクは、モモコの仲間やった子に、材料費もなんもかんもいれて、１日１万円で頼んで。ちょうど大道具の会社辞めたばっかりの岸《き》っしゃんというスタッフに、「何作っても１日１万円」とか、アシスタントディレクターの子にも、１日１万５千円ぐらいが相場やったのを、打ち合わせと本番と反省会の３日間拘束して７千円でやってとか、そんな感じやった。

坪田　２丁目劇場を始めたのも、新喜劇が落ち込んでいたところから復活させたのも、マイナス状態のところから、いかにプラスに持っていくかということを、大崎さんはしてきたわけですよね。そしていま、大阪をどうにかしたいというのも、きっとそのプロデューサー気質から考えてることなんでしょうね。

リンゴ　そういう意味では、大阪はまだマイナスのところにいてるってことですね。

坪田　ちょっと下がってきちゃってるということだと思うんです。

リンゴ　昔に比べたらね。

「文句を言うてるのは東京だけや」という大阪芸人

坪田　吉本が面白いのは、タレントさんが自由すぎるというか(笑)。会社がコントロールしようとそもそもしてないところですよね。

モモコ　人の気持ちは止められへんもんね。

大﨑　他の事務所なら、駆け引きができるんやけどね。例えば、売れてるグループがいて、「フライデー」とかにスキャンダルをつかまれた時に、「この件の掲載を止めてくれるんなら、グラビアで売れっ子の特集してくれてもええで」というようなバーターみたいなことができるんやけど。うちはそれも、でけへんねん。

リンゴ　なんでですか?

大﨑　みんな言うこと聞けへんもん。例えば、モモコの不倫が「フライデー」に載りそうやからって、今田や東野に特集出たってくれへんかって頼んだって、やってくれるか?「なんでそんなことせなあかんねん」ってなるやろ。たとえが悪いけど(笑)。

モモコ　そんなことはしていません(笑)。まぁ、駆け引きはでけへんわね。

大﨑　そうそう。だから、それだけみんな自由やねん。

モモコ　でも、去年の騒動の時、大阪のタレントは会社には何も文句は言わへんかった。

文句言うてたのは東京だけや。

坪田　そうなんですか?

モモコ　大阪の子は「いまのままでええやん」って感じで、ほとんど文句言うてなかったですよ。

リンゴ　大阪では、漫才ブームとかで一時代を作った諸先輩方が、その後、劇場で大事にされてるという伝統がちゃんとありますからね。例えば、Wヤング師匠。若い皆さんはご存知ないかもしれませんが、昔すごい人気があって、それからテレビでの仕事はしなくても、ずっと劇場では出番があって、先日、平川（幸男）師匠が亡くなられる直前まで舞台で漫才しておられたんです。それは漫才師としてすごく嬉しいことなんです。でも、東京の若手はそこまでの歴史を知らんから。面白くネタとして吉本に文句を言う子や、それがウケてるから追随して文句言う子とかがいるんでしょうけど。大阪にいると、会社に漫才師は大事にしてもらってるということを、実感してると思いますよ。

大﨑　Wヤングぐらいの漫才コンビになったら、劇場の出番だけで充分食べていけるからね。家庭を持って、家を建てて、子どもを育ててというのはもちろんできるし、プラスちょっといい生活もできて、ということが、劇場で漫才をやってたら、ちゃんとできる。

坪田　そういうことなんですね。

大﨑　そういう人らが貢献して劇場は続いてるわけやから、それを昨日今日吉本に入って、スベったヤツが、ギャラで文句を言うな、と言いたい。

リンゴ　厳しい！

モモコ　そこは東京と大阪は違うもんね。劇場に足を運んでない人にはわからないかもしれないけど、ザ・ぼんちさんとか、のりよしさんとか、いまも毎日舞台をやってて。

リンゴ　もう老眼になってる年やけど、漫才やったら、ドッカンドッカン、ウケてる。

モモコ　それだけ先輩方が劇場を守ってくれてはるっていうのを実際に見てる私たち大阪の芸人と、東京とは違うかもしれんなと思うんですよね。

リンゴ　大阪を元気にする話に戻ると、私はいま、大阪は自信をなくしているところやと思うんですよ。いままで持っていた自信が、「これじゃあかんの？」って感じることが、特に経済的な部分で大きいと感じます。若い人なら、ええアルバイトもないしという状況があって。そこから、自信をもう一回取り戻すには、やっぱり文化が大事やと私は思うんです。関西の文化は凄いですもんね。

大﨑　なるほど。リンゴ、やっぱり賢いな。

リンゴ　賢くない。しょせん、京都産業大学卒業（笑）。

大崎　確かに、大阪を元気にするためには中小企業をどう万博につなげて活性化するかというのもあるけど、もうひとつは文化やな。

モモコ　そう、文化。そこを頑張らなあかん。

リンゴ　この前、番組で奈良の特集をやったんですけど、奈良っていいところ、むちゃむちゃいっぱいあるんですよ。でも関西に住んでると、奈良ってそんなに行かへんでしょ。京都には行っても。

坪田　いや、奈良はいいところですよ。

大崎　春日山や奈良公園に行ったら、カップルが別れるというジンクスがあるねんな。

モモコ　関西では、そんなに注目されてないんですよ。

リンゴ　奈良は日帰りのイメージなんですよね。でも、いいところいっぱいあるんです。奈良の鹿、めちゃめちゃ賢いし。

坪田　いちばん最初に出てくる奈良のいいところは、鹿が賢いなんですか（笑）。

大崎　ジミー（大西）ちゃんの3倍賢いもんな。

リンゴ　ジミーちゃんが基準（笑）。奈良の鹿って、土産物屋さんのおばさんがちゃんと売った鹿せんべいしか食べないんです。まだ売れてない鹿せんべいは絶対食べない。なんでか知ってますか？　食べかけたら、土産物屋のおばはんが、一斗缶の角でガーン！

モモコ　……と、鹿を殴るねん（笑）。

坪田　奈良のいいところが、鹿がしつけられてるってことですか（笑）。

大﨑　奈良の人はPRあんまりしないよね。欲がないというか、静かに暮らしたいというのはあるのかな。

モモコ　きっとそうやと思う。「ご飯おいしいところないですか？」って聞いても、「ないです」なんて言いはるんです。

リンゴ　おいしいとこ、いっぱいあるのにね。そういうのって外から見て改めて気付くことなのかなって。だから、大﨑さんがもう一回、関西のために動いてくれるって言うてくれて、「帰ってきてくれた」という気持ちが私らの中にはあって、すごい嬉しい。

坪田　「大阪の芸人さんは会社に文句を言ってない」というのと、「東京の売れてない人たちだけが言ってる」というような話って、すごく象徴的だと思うんです。大阪は、吉本108年の歴史の中で、お笑いの文化というのが根づいていて、ビジネスとしてもちゃんと回ってる状況がある。吉本が東京に進出してからまだ40年ぐらいだから、これから東京にも吉本やお笑い文化がもっときちんと根づく余地があるのかなと思います。一方で、文化としてお笑いが根づいている大阪のほうは、経済がちょっと弱くなってきてる部分がある。大阪はここでもう一度盛り上げていかなくちゃいけない、ということを大崎さんは思い始めてるということですね？

大崎　なるほどね。

リンゴ　なるほどねって、大崎さんの意見をまとめてくださってるんですよ。

大崎　そういう風に思うようにします。

赤字を垂れ流しても百年後に回収できればいい

リンゴ　ひとつの企業には寿命ってあるじゃないですか。だいたいが、25年とか30年とか言われている中で、吉本が108年も続いてこられたのは、やっぱりいろんなことを多角的にやってるから生き延びられてるんでしょうね？

モモコ　お笑い以外もいろいろやってるからね。

坪田　それは間違いないと思います。大崎さんは経営者として、すごく天才的だと思うんですけど、意外と論理的に考えてないでしょう？

リンゴ　それ褒めてます？　褒めてるんですよね（笑）。

坪田　正直、行き当たりばったりっぽい感じが僕はしていて。

モモコ　勘で生きてはると思う。

坪田　そうですよね？　けっこう勘ですよね。

大﨑　それはめちゃくちゃそのとおりです。

坪田　先ほどのＢＳ放送の地方創生の話にしても、そうですよね？

大﨑　例えば、30分の枠を「住みます芸人」の誰かが好きなように、撮れと。なんやったら、スマホででもいい。30分の制作費がもし３万円としたら、月に４本やから、12万円ある。その中で制作して、残った分を自分のギャラにすればいい。そしたら、仕事ができるわけやから。30分番組が日に48本あって、１週間で３５０個ぐらい枠ができるから、少なくとも３５０人、できたらそこにプラス何人かは、番組を作って、出演して、食べていけるようになるやんと、勘で思いついた。

坪田　数年前に「住みます芸人」を始めた時は、そこまで想定してなかったと思うんですよ。でも、ＢＳのチャンネルを持つことができるチャンスがあったから、「やります」とまず手をあげて。既存の放送局とバッティングしないものって何か、と考えた時に、「住みます芸人」と組み合わせればいいとつながって、それが地方創生にまで発展していく。

モモコ　後でつながってるんやね。

坪田　そうなんですよ。KBS京都や沖縄でラジオを始めるというのも、場所にとても意味がある。吉本は沖縄国際映画祭をずっと続けてるでしょ？

大﨑　もう12年かな。

坪田　京都国際映画祭もやってますよね。

大﨑　そちらは6年かな。

坪田　実は、沖縄や京都をどうにかしたいとすでに動いていて、地盤があるんですよね。

リンゴ　そこに種はちゃんと蒔《ま》いてあるんですね。

大﨑　自慢やないけど、沖縄国際映画祭なんて、毎年6億円ちょっとの赤字やからね。

モモコ　大﨑さんが単に京都や沖縄が好きで始めたと思ってた。

リンゴ　以前、「なんで沖縄で映画祭をするんですか？」って、私は大﨑さんに真剣に聞いたことがあるんですけど。その時、大﨑さんは「世界地図を逆に見てみぃ。沖縄がいちばんアジアに近いやろ？　だから、これからアジアに進出していくのに、沖縄という場所はすごい大事なんや」と答えてくれて。普段はうぇ〜ってええかげんな態度やけど、大﨑さん、やっぱり賢いなと思いました（笑）。

坪田　何かチャンスがあった時に、つながりを持っておくことは大事なんですよね。もしかしたら、赤字になるかもしれなくても。

リンゴ　目先は損してもね。

大﨑　もちろん、他の社員や芸人さんから見たら、「俺たちの稼いだ金で、赤字をどれだけ作ってんねん」ということになるんやけど。こちらとしては、まだ結果が出てないけど、「百年かかって、ちゃんと取り戻します」という思いはある。それから、沖縄は自立してるかしてへんかと言うと、両方の意見があるけど。基地の補助金がないとやっていかれへん現状とか、シングルマザーが多いとか、子どもの貧困が多いとか、いろいろ問題があるのは確かやから。そこで、沖縄がどう自立していったらええか、どんな産業に力を入れていったらええかを考えたわけや。でも、沖縄が金融シティとかスマートシティとしてやっていこうとしたら、大変やろ？　東京や上海に対抗しても、なかなか勝たれへんし。でも、沖縄には独自の芸能があったり、島の人が歌って踊ったりする文化があるやんか。そこでエンタメとかスポーツを産業として力を入れて、やがてはエンタメやスポーツ産業を創出する島にしたい。でも、それには百年かかると思うんよ。

モモコ　長い目で見ないとね。

大﨑　そのために吉本が投資して、百年後、経済的なことも含めて全部回収して、三方よしにしたい。そう思って、沖縄国際映画祭もやってる。

坪田　それって、スパンが違うだけで、2丁目劇場と同じなんですよね。スタートして7カ月間は手売りでチケット売って、でもお客さんは2、3人という状態で。経営してる側からいうと、新しく何かやって7カ月もひたすら赤字で、しかも他から「そんなことする意味があるのか?」と批判も浴びる中で、やり続けるのはめちゃめちゃ辛いはずなんですよね。でも、それをやることによって、大スターが生まれて、そこから何十年も活躍されてることを考えると、成功なんですよね。

大﨑　そう。回収はできてるねん。ハイヒールやダウンタウンや今田や東野とかが売れてくれたから。

新しい時代の幸せって何やろう?

リンゴ　そう考えると、いまの大阪の若い人はちょっと元気がないかなと思うんですよね。

大﨑　それは、やりたいことを口に出して言わないとか、人の集まるところに行きたくないという感覚の人も増えているし。表現の仕方の違いもあるやろうしね。僕みたいに、明るく大きな声でワァーッて言わんだけのことで、一概に元気がないということではないとは思う。まして、右肩上がりの時代に生まれた僕らと違って、昨日よりも今日、今日よりも明日のほうが儲かるんや、幸せになるんやと思って、いまの若い子は育ってないしなぁ。

坪田　これも経済学的な話なんですけど、1991年以降に生まれた人というのは、それ以前に生まれた人と、根本的に感性が違うらしいんですよ。どう違うかというと、91年以降というのは、バブル崩壊以降なので、経済がずっと横ばいか、低くなっていくことしか知らない世代なんですね。それ以前の人たちは、景気の浮き沈みを経験している。景気には浮き沈みがあって、落ち込むこともあるけど、頑張ればいつかよくなるということを感覚的に知ってるんだけど、91年以降に生まれた29歳より若い世代は景気が良くなった経験がないから、そこが大きな違いなんです。

モモコ　いま50代のオバハンなんか、いちばん元気やもんね（笑）。楽しい20代を過ごしてるから、「またあんな時代が来るんちゃうか」と思ってる。

坪田　上の世代からいまの若い世代を見ると、「頑張りなさいよ」と言いたくなるんでしょうけど。でも、91年以降に生まれた人たちは、ずっと不景気しか知らないから、これから頑張って上げていこうじゃなくて、むしろ、あんまり頑張らないで、できるだけ下がらないようにしていこうという発想になっているんです。だから、教育の仕方も従来のものから変えたほうがいいとも言われていますね。

モモコ　でも、大阪の人は大阪が好きっていう気持ちは絶対あると思うねん。

リンゴ　それは絶対ある。

モモコ　その好きを力に変えていきたいんよね。

坪田　そういう意味で言うと、2025年に万博があって、盛り上がっていくこれから、経済も含めて大阪が活性化していくチャンスなのかなと思うんですよね。

モモコ　特に若い人たちにね。

大﨑　まぁ、このまま経済第一の資本主義でいけば、「頑張ってお金がいっぱいあるほうが幸せや」という価値観でいけるんやけど。そうじゃない幸せもあったりするから。それも含めて、これから万博までの間、大阪でそんなことも考えてみたいと思うんですよ。

うろ覚えやねんけど、サラリーマンの場合、いちばん幸せやと思う年収を調べて統計取ったら、いちばん多いのは1千万円切ったぐらいやったかな？　仕事ばっかりのモーレツ社員で1億円も2億円も稼ぐより、そこそこの収入で、家庭を大事にして、地域の活動にも参加してるというのが、ちょうどええと思う人が多いということでしょう。

日本は高齢者が増えて人口が減っていく中で、これからの時代、大阪も含めて、地方も一緒に協力して、適正規模での最高の幸せを、みんなで見つけていきたいと思うんですよ。

第3部　タレントとの理想の契約

ゲスト・中多広志

――2020年2月19日　大阪・ラフアウト中津にて

中多広志（なかた　ひろし）
1961年、東京生まれ、大阪育ち。1985年、関西大学社会学部産業心理学専攻卒業、1987年、Thunderbird School of Global Managementにて国際経営学修士号取得。米国公認会計士試験合格。1988年から1997年まで長銀総合研究所、長銀企業金融部にてメディア関連のM&A、コンテンツ・ファンド組成、資金調達などを行い、1998年、吉本興業の子会社にアルバイト採用。その後、吉本興業取締役CFOとして吉本興業の非上場化を行う。現在、吉本興業ホールディングス株式会社特別顧問。

大﨑　今日は、吉本の最高財務責任者（CFO）をやってもらってました中多広志さんという人に来てもらって、お話を聞こうと思います。

中多くんは、もともと長銀（日本長期信用銀行、現・新生銀行）のシンクタンクにいたんですけど。1988年やったかな、「吉本興業はアジアのCAAになれるか？」という論文を僕に送ってきてくれたんです。CAAというのは、企業のM&A（合併や買収）の仲介をしたり、ブランディングやPRを請け負ったりしてる、アメリカ最大のタレントエージェンシーのことです。僕はその頃、大阪で今いくよ・くるよさんのマネージャーをやってて、大和高田のニチイの前で漫才やるのに、近鉄電車に乗って大きな衣装を運んでたような頃で。「アメリカでは、タレントのエージェントが企業のブランディングやPRを請け負ったり、会社の買収のアドバイザーをしたりして、お金を稼いでるんや。俺は何をしてるんやろう？　でもとりあえず、目の前の仕事せぇな」みたいな気持ちで中多くんの論文を読んだんですよ。わからんこともいっぱいあったんで、中多くんに会って、「M&Aってチョコレート？」みたいなアホな質問したら、「いやいや、こうでこうで」って詳しい説明してくれて、それでも「わからへん、わからへん」って言うてたなぁ。まぁ、いまでもようわからんのやけど。そういう出会いでした。

そんな中多くんに、世界最高のタレントエージェントというのはこういうものやということや、アメリカではタレントとの契約がどうなってるかということを話してもらおうと思います。

吉本興業は、中多くんの苦労もあって、2008年にそのCAAと業務提携したんですよ。僕と、いま社長になってる岡本くんが、英語もしゃべられへんのに、CAAの本社に訪ねていったんやけどね。約束の時間から3時間も待たされて、出てきたのは年下の若い社長。パーッと入ってきたと思ったら、開口一番「日本人がハリウッドに入ることは絶対にないから」なんて言う。どんな偉い人か知らんけど、3時間も待たせて、「最初に言うこと、それかい」って悔しい思いもしたんやけども。

その時に出会ったCAAのメールボーイがいるんです。メールボーイというのは、新入社員が顔と名前を覚えてもらうためにやる、社内にいるたくさんのエージェントたちに郵便を配る係のことなんですけど、そのメールボーイが、「大﨑さん、『ダウンタウンのごっつええ感じ』のコントは誰が作ったんですか？」と声をかけてきたんです。聞いたら、彼はハーバード大学を首席で出て、CAAに入社してまもないお兄ちゃんで、当時からユーチューブとかで日本のお笑い番組を見てる、吉本の大ファンやったんです。それから仲良うなって。彼はその後、中東に行って何百億円かのファンディングをして、それからインドに行って、3年でインドでナンバー1のエージェンシーを創った。いまでも友好関係は続いています。そんなことも、中多くんの紹介から始まったんです。

2009年にそれまで東京と大阪で一部上場していた吉本興業を非上場化したんですが、その時に、中多くんに「こんなことできる?」って相談したら、「10回ぐらい死なんとできへん大変なことですよ」と言いながら、「わかりました。やります」って言って協力してくれたんです。非上場化の大仕事を終えて、自分の役目は終わったと思ったのか、彼は次の目標に向かって独立。いまはアメリカの軍が持っているセキュリティのシステムをなぜか手に入れて、150億円だかのお金を集めて、会社をやっています。

大阪にこれから万博やIRがやってくるでしょう。その時に、好むと好まざるとにかかわらず、世界の荒波にもまれる中で、僕らのタレントエージェントも、世界標準に合わせたり、戦っていったりせなあかん時代になる。そこで、我が吉本興業は生き残れるのか、というようなことを、中多くんにしゃべってもらおうと思います。聞き手は、坪田先生にお願いして、僕は黙ってようと思います。おふたり、どうぞ。

中多　私は30年ぐらい前に、間違って大﨑さんに手紙を書いてしまいました。

大﨑　年俸も半減どころか、えらい減ってなぁ（と立ち上がる）。……ごめん、黙ってるって言うて、またしゃべってるわ。中多くんは出会った当時、長銀の社員として、ニューヨークのメディアの買収のアドバイザーとかをしてて、早朝の4時とか5時に電話でやりとりしてたからか、咳ばっかりしてたんで。「このままやったら死ぬで」とまず脅して、「人生、身体がいちばん大事やぞ。給料がちょっと減るかもわからんけど、吉本に来《け》ぇへんか?」と、1年半言い続けたら、だまされて来てくれたんです。

中多　はい。それをブラック企業といいます。

大﨑　ほんまやぁ（笑）。申し訳ありません（と頭を下げる）。

中多　私は、学歴は大したことないんです。

大﨑　関西大学社会学部の先輩後輩。僕は2浪で。

中多　私は大﨑会長より少し頭が良くて1浪です（笑）。それで、当時、私は長銀の総合研究所でM&Aをやってまして、例えば、イギリスのメディア王と言われていた、いまは亡きロバート・マクスウェルさんの代理人になって、いろんな会社の買収をしようとしたりしていました。27歳の時に、テッド・ターナーさん（アメリカのCNNの創業者）に会いに行って、「高校生にアドバイスなんかしてほしくねぇよ」って子ども扱いされたこともあります。その頃は、金融機関がメディアの会社を扱うことはほとんどなくて。まだ上場している放送局もほとんどない時代でした。周りにメディア業界について詳しい人がおらず、すごく困ってたんです。そんなある時、新聞に大﨑さんの記事が写真付きで載ってまして、関大の社会学部卒業と書いてあるから、「あ、これは先輩やんか」と思って、手紙を書いたところから、私は人生を間違ったんです（笑）。

大﨑　東京からわざわざ手紙と一緒に「吉本はアジアのCAAになれるか？」という論文を送ってくれた。それで会うようになって、僕は「M&Aって何のこと？」って状態やったんで、「どんな本を読んだらええか、初級の初級から教えてくれ」と言うたのが、始まりです。

中多　98年に吉本興業の子会社の子会社みたいなところで、採用されまして。大﨑さんが「ええようにしてあげるからおいでや」って言うてくれたんですけど、入ったらどうやったと思います？　小さな丸椅子がひとつ。机すらないんですよ。

大﨑　年収は何分の一やしなぁ。でも、咳は止まったやろ？

中多　はい。でも、それは大﨑洋のおかげではなく、長銀時代、東京弁をしゃべってたんですよ。でも、吉本に入ったら大阪弁ですむでしょ。そしたら、咳が止まったんです。もしかしたら、言葉の問題だけやったんですね。

坪田　なるほど（笑）。中多さんも大阪育ちなんですね。ちなみに、中多さんの経歴を拝見したら、最初は吉本の子会社のアルバイト採用だったとか？

中多　そうですよ。

大﨑　頑張って口説いたんやけど、その頃、僕は社長でも役員でもなかったから、アルバイトでというのが精いっぱいやったんです。悪いことしたなぁって思ってたんやけど、中多くんはちゃんとだまされてくれたから……。

中多　それがブラック企業の根源なんですけどね（笑）。吉本に入ってからいろんなことがありましたけど、10年ぐらい前に、大﨑さんに呼ばれて、「非上場化ってでけへんか?」と聞かれたんです。「いやいや、できるけど、死ぬほど大変でっせ」と言いながら、机上のものとして、スキームを描いちゃったんです。そしたら、結局私が最後まで関わって非上場化をやることになって、本当に死にかけました。

大﨑　ほんまに死にかけたな。

中多　はい。家族を一回避難させたこともありました。M&Aの業界では、あのスキームはいまも「吉本メソッド」と呼ばれてるんです。MBO(「マネジメント・バイアウト」経営陣による自社株買収)したい人たちは、「吉本メソッドでできませんか?」とよく証券会社などに相談するんですが、あれは普通の感覚では無理だと思います。

坪田 それは具体的にどういうことをされたんですか?

大﨑 これ、話したら長いで。

坪田 大事なことなんで、聞かせてください。

吉本非上場化で420億円の連帯保証人に

1949年から株式を上場していた吉本興業は2009年9月に非上場化を目指すことを発表。元ソニー会長の出井伸之氏が代表となったファンド会社を作ってTOB(株式の公開買い付け)をかけ、1万6千人いた株主から保有株を強制的に買い上げる「スクイーズアウト」という手法を使って、2010年2月に非上場化をなしとげた。

中多 普通でなかったひとつは、スポンサーがいなかったこと。最終的にはいろんな人に

入ってもらってますけど、1社が大きく出資してリスクを取るというスポンサーが存在しないスキームでした。しかも、吉本の場合は非上場の後、再上場を目指していない、というのも特殊だったと思います。持ち分比率がバラけているので、いまの経営陣がしっかり経営していきましょうという形です。スポンサーがいないところから始まっているので、銀行と協議して責任を取るスポンサー企業の代わりに420億円の取締役の連帯保証を入れることにしました。その時の社長だった吉野伊佐男さん、専務だった大崎さん、そして、私の3人で。私、その頃、ただの平取ですよ。平の取締役。弁護士事務所に銀行の人たちも来て、連帯保証を3人ですることに夜の10時過ぎになって。「えっ？」とびっくりしながら、これは乗り越えなあかんことと悟って、「わかりました」と平気な顔で言うしかなかった。

それだけでは向こうも安心できなかったのか、「吉野社長と大崎専務は、大丈夫でしょうか？」と聞かれたんで、まず吉野社長に電話したんです。ちなみにこの人も関大出身ですわ。「吉野社長は商学部ですよね？」って聞いたら、「俺、グリー（クラブ）」って答えた人です。いや、サークルの話なんかしてないって（笑）。そんな吉野社長に、「420億円の連帯保証をせないかんのですけど」と話したら、「ようわからんな。それで、おまえも保証人になるんか？」と聞かれて、「私もします」と答えたら、その場で、「じゃあ、するわ」と、意味もわからず、ＯＫしてくれました。次に大﨑さんに電話して、連帯保証についても同じ説明したら、「ようわからんな。おまえもするんか？」とまったく同じ反応が返ってきた。結局、ようわからんまま、４２０億円もの連帯保証をふたりともしてくれたんです。

大﨑　いまだにそれがどういうことなのかようわかってへん。そんな金持ってないし、一生かかっても返されへんのに、何が連帯保証人やって感じやけど。

中多　そんな風に個人で会社を背負う交渉をやったんです。どれだけ凄いと思います？

坪田　確かに。社長と専務がそういう状況ですもんね。

中多　その前に、吉本では荒れる株主総会っていうのが5年ぐらい続いてたんですよ。反社らしき人が50人ぐらいやってきて……。

大﨑　80人や。

中多　その反社らしき人が暴れるわけですよ。その頃、私はまだ取締役になっていなかったんですが、まず株主総会の準備が年明け早々から始まります。その間、怪文書や週刊誌にありもしないことを書いた記事が毎週数本出て、一般の株主も動揺するので適切に対応して、株主総会向けの想定問答は千近くになりました。また、私の携帯電話は反社とかいろんな方々からの電話で鳴りっぱなしの半年間です。総会では、一応、事務局長だった私が事前に質問への応答のシナリオを書いて、吉野社長がそれをずっと読んでくれてたんです。ところが、場が荒れて荒れて、準備したものでは対応しきれなくなった時に、専務のひとりが後ろに控えてた私に、「おまえ、回答せぇ」って言い出して……。

大﨑　後ろに弁護士さんとか財務担当の責任者が控えてるところに、吉野社長が……。

中多　いやいや、某O専務が（笑）、後ろ向いて「おまえがやれ」って。もちろん僕は「ダメダメ」って断ったんですけど。

大﨑　吉野さんも僕もわからへんかったから。

中多　ずっとあかんと言ってるのに、それまで、私の作ったシナリオをその通り読んでいた吉野社長がいきなり、「その件に関しましては、財務担当の中多からご説明します」って発言して。「え〜っ！」てなりながらも、前に出て説明するしかない。一部上場会社の株主総会で、財務担当や取締役でない、事務局長が答弁した初めてのケースだと思います。そんな会社です、吉本興業は。

大﨑　ええ会社やんなぁ？

中多　（大崎の顔をじっとながめて）はい。

坪田　「はい」って言っちゃうんですね（笑）。

大崎洋の魔力にだまされ長銀から吉本へ

坪田　僕から質問していいですか？　中多さんって凄いじゃないですか、アメリカ留学して、国際経営学修士号とか、アメリカの公認会計士の資格もあって。長銀でM＆Aを担当するって、スーパーエリートですよね。

中多　しょせん関大の社学ですから。

坪田　いやいや。そのスーパーエリートが、30代後半で吉本にアルバイト採用で入るっていうのは、何がいちばんのキーだったんですか。先ほど、「だまされた」っておっしゃってたけど。大崎さんのどういうところにだまされたんですか？

中多　どこかで人生を捨ててたんやと思います（笑）。

坪田　捨ててもいいと思ったんですか？

中多　もう金融の仕事は辞めてもええかなと思ったというか、もっと生身の仕事をしてみたいなというのがあったんでしょうね。私はお父ちゃんが高校も出てない家庭に育って、金融機関に行ったら、頭がよくて仕事ができて誠実な人が集まってるんじゃないかという妄想があったんですけど、そうじゃないというのもわかったし。へたすると、ワンディールやると、数十億円とか数百億円儲かっちゃう世界で、「でも、俺、口だけやん」と、どっかイヤな気持ちがあった。もっと地に足をつけた商売の仕方がないかなぁという思いを抱えてたところに、大﨑洋の魔力というものに……。

坪田　その魔力は何ですか？　ひとことでいうと。

中多　詐欺師的能力というか（笑）。やっぱり、人を裏切らない……と間違って思ってしまったんです。

坪田　いいなぁ（笑）。

大﨑　あの頃は、まさか自分が社長になるとも思ってなかったし。

中多　私が吉本に入った頃は、大﨑さん、次長でしたもんね。

坪田　え、部長の下の次長ですか？

大﨑　そうそう。それも同期から遅れてなった次長。

坪田　部長にもなってない人が、スーパーエリートの中多さんに、「うちに入れ」って、その発想、意味がわからないんですけど。

中多　だから、子会社のアルバイト採用だったわけです。

坪田　M&A担当ってめちゃめちゃ花形ですよね。年収も何千万円とある。

中多　日本の銀行だったんで、そんなにはなかったですけど。その頃、外資系に行こうかなと思ってた時期でもあったので。大崎さんから「ちゃんとするから」と言われて、長銀辞めて行ったら、子会社のアルバイト採用で、「これがちゃんとすることか……」って、入ってから気がついた。

坪田　椅子だけは用意されていたわけですね（笑）。

大崎　坪田くんをだました時と一緒やな。

中多　まだ覚えてますよ。机もないし、電話もなかった。1998年ぐらいですから、携帯電話はまだ普及してなくて。電話かける時は、机4つも5つも離れた席に、借りに行ってたんです。

坪田　でも、次長の時から人をだませるってことは、ポジションではなく、大崎さん自身に人を惹きつける力があったってことですよね。

大崎　ようわからんけど、吉本に足らんものを、僕も含めて社員も勉強せなあかんねんけど、毎日忙しいし。足らないところを、ドーンと補ってもらう人を探さなあかんなというのはボヤッと思ってたんですよ。何が足らんかわからへんかったけど。そんな時に中多くんと出会ったんや。

中多　私はほんの少ししかお手伝いできてないんですけど、本当に大崎洋の運というか、強い成功運というのがあったから、できたことが多いと思います。

坪田　それは間違いないですよね。

中多　ダウンタウンさんから始まって、すべてそうだと思います。

坪田　だって、掃除夫から社長になる男だって、占い師の方からも言われたんですもんね。

中多　それを、理論立てて考えてやってたら凄いことなんですけどね。

大崎　もちろん考えてやってるわけじゃない（笑）。

坪田　非上場化を成功させた後、中多さんは吉本を退社されましたよね。その理由というのはなんですか？

中多　だって、その頃僕は50歳そこそこですよ。その年齢で、再上場しないCFOになってもしょうがないでしょう。

大崎　それもお笑いの会社やしなぁ。吉本ってええ会社というか、アホな会社なんですよ。非上場にした時に、例えば大崎や、非上場化に関わった人間が株を保有していたら、再上場した時に何億とか何十億になる。だから普通は頑張るわけやけど。結局、僕も当時の役員の誰もが、1株も保有しないスキームにした。ね？　面白くて、変な会社でしょ？

坪田　それ聞いて驚きでした。420億円の連帯保証を個人でして、もしそれが失敗したら、それこそ首をくくらないといけないぐらいの責任を負ってるのに、1株も持たずに自分の利益にならないって、普通ありえないですよ。

中多　非上場化に失敗すると、その年の株価はものすごく下がります。準備にものすごく費用がかかるので。へたすると株価が暴落する。その時は案件を引っぱっていた自分が責任を取って辞任するしかない。非上場化できても、その後の資金調達や返済に失敗すると、420億円の負債を持ったまま、会社を辞めなきゃいけないことになるということは、私はわかっていました。吉野さんと大﨑さんがわかっていたかどうかは、知りませんが。

坪田　そこまでして非上場化したというのは、反社会的勢力から決別するためというのが、いちばん大きい理由ですよね。当時、芸能界や興行の世界は反社会的勢力と密接につながっていた歴史がどうしてもあって、非上場化して会社の体制を変えてしまうと、その人たちは利益を奪われることになる。それはすごい反発されるだろうし、420億円の負債だけじゃなく、死を覚悟するぐらいの話ですよね。

大﨑　いまやから言うけど、中多くんも僕も、狙われました。

中多　非上場化の最中は夜中に2人の男に殴られたこともありました。1年ぐらい前もありましたね。もう慣れたもんで、息子が「お父さん、あそこの車怪しいよ」とちゃんと言ってくれる。

大﨑　でも、中多くんのところに「フライデー」は来《け》ぇへんやろ。俺なんか、去年2回も撮られてるで。

中多　それは違う理由で撮られたんじゃないですか（笑）。

坪田　普通に考えると、全然笑ってられない危ない話ですよ。

中多　反社と戦うためにまず、懇意にしていただいていた反社対応に多くの実績を持たれている弁護士に入っていただいて。それから、非上場化する時には、ビークルという、それを買収する会社を作らないといけないんですが、誰からも叩かれないきちんとした人に頼もうということで、ソニーの元会長の出井伸之さんにお願いして、協力していただきました。

大﨑　それも、出井さんと知り合ったのは、マッサージ屋さんやった（笑）。

中多　非上場化をなしとげたときに、出井さんが「よくできたなぁ」とおっしゃってくださったんです。大変だった最中も出井さんは「常識的に絶対できるディールができない、逆に、できないだろうと思って一生懸命やったディールができることがある。その理由は10年後にわかるんだ」と。「自分のことだけを考えたディールは、できなかったり失敗したりする。でも、これができたら社会のためになると思ってやるディールは、無理なものでもけっこうできるんだぞ」と励ましてくださったことがあって。ちょっと感動しました。

坪田　いいセリフですね。

大﨑　僕にはそんなこと、全然言うてくれへんかったで（笑）。

中多　最近、出井さんとふたりで飯食って私のいまの会社のことで相談したら、「そうか、苦労してるな。じゃあ、俺も出資するよ。俺はもうギバーだから」って言ってくれて。ギブ&テイクの、ギバーなんだってことです。その上、「年取って、出資したことも忘れちゃうからな」なんて言う。カッコええなぁ、この本物の経営者は、と思いましたね。

坪田　では、中多さんが吉本を退社した理由は、再上場しないCFOというのは意味がないと考えたからなんですね。それで不思議なのは、退社されてからも、大﨑さんとは仲いいですよね。大﨑さんは他の吉本を退社した人ともたくさんつながってるみたいですし。それはどうしてなんですか？

大﨑　中多くんの会社の顧問としての名刺も持ってる。何やってるかもようわかってへんけど。

坪田　普通、会社辞めて起業した時に、「顧問になってください」とは頼まないですよね。

中多　私の場合は、やっぱり大学の先輩でもあるし。もっと頑張って他の大学に行ってたら、大﨑さんとはもうちょっと距離を持てたと思うんですけど（笑）。

坪田　それだけが理由ですか？

中多　いい意味で、大阪人・大﨑洋さんの魅力というか、懐の深さがあるというか。……と言うたら、ギャラをくれるかなと思って、言ってるんですけど（笑）。

大﨑　どう褒めても、ギャラはない！（きっぱり）

中多　いまもいろんなところで、助けていただいてますし。それは、ギャラ抜きに、本当にありがたいと思ってますよ。

坪田　こんな信頼があるのに、中多さんはまず「吉本はブラック企業だ」って言っちゃう。その関係性が、僕からすると、不思議で面白いんですよね。

中多　いや、それは真実を語っただけで。

坪田　連帯保証で420億円を分担した同志ということですよね。

中多　言っておきますけど、その連帯保証をする直前まで、私は取締役じゃなかったんですからね。非上場に動き出した時は、ただの社員。

大﨑　子会社のバイトからちゃんと社員にはなってました。

中多　なんで、取締役になったかわかります？　銀行側が、吉本で話ができるのは中多しかいないと思ってくれたんだと思うんですが。銀行からすると、「中多はただの社員やんか」って面もあった。だから、吉本が「中多にしかでけへん」と思って、役職をつけてくれたんやと思います。

反社やハゲタカファンドにも狙われた

大﨑　非上場化の時は、反社の人たちだけじゃない、いろんな人が吉本に襲いかかってきてたんです。実を言うと、某有名企業が自分たちが陰で糸を引いてることは隠しながら、アメリカのファンドの後押しをして、吉本を乗っ取りにきたこともある。

中多　いわゆるハゲタカファンドです。

大﨑　反社やらなんやらいろんな方面のどっから刺されるかわからんような状況の中、銀行団にもそれぞれの事情があって、やっと最終的に「これで契約しましょう」と決まったのに、融資の最終契約の場に来なかった銀行があった。担当者を探して探して、返事の録音をとって、なんとかセーフになったとか、いろいろあったなぁ。某放送局の人が「吉本の大﨑ちゃんの案件だけど、やめとかない？」と別の協力者に電話したこともあって、その電話を受けた人が「こんなこと言われたんだけど、大﨑さん大丈夫？」と知らせてくれた。その時は、先回りして某放送局の人に会いに行って、素知らぬ顔して、「あの件、どうぞよろしくお願いします」と釘をさした。

中多　いろいろありましたね。「土下座せぇ」と言われたこともあったし。ハゲタカファンドから私の携帯に電話があった時は、ほんまに大変でした。ニューヨークから突然電話してきて「おまえの所の株を買ったから、会おう」って、すぐに出発せんと間に合わない日時を指定されたんです。そんなことされてしまったら、非上場化もふっとんでしまうので、行かざるをえない。吉本の役員会でそのことを話したら、誰も何もいわず、シーン。普通は偉い人が「俺も行くぞ」と言ってくれるもんだと思うんですけどね。やっと口を開いてくれた優しい人が「俺が行くと邪魔になるから」って言っただけで（笑）。結局、平の取締役でしかない私がひとりで行くしかなかった。

大﨑　それも0泊2日のエコノミーでニューヨーク行きや。

中多　さすがに、「ファーストで行っていいから、最善を尽くせ」って言ってもらいましたけど。実際は1泊3日でニューヨークに行って。自分ひとりで行ったらあかんと思ったので、米銀の日系企業担当のトップに来てもらって。もうひとり、有力米銀のナンバー3が大学院の先輩だったので、「何かあったら入ってくれ」と頼んで、指定されたホテルのロビーで待機してもらいました。あとは電話をかけてきたハゲタカファンドの責任者と会って勝負するしかない。「吉本の株を買った」という話をされ、そのままではあかんから、私は自爆行為に出たんです。「君たちのファンドには反社と関わりのある会社の株を買っちゃいけないという規定が投資契約書の中にあるよね」と。相手は「もちろんある」って答えますよね。そこで、私は「それで悩んでんねん」と訴えたんです。

大﨑　その頃、吉本は上場してたので、反社の人たちが一株株主でいたんです。一株でも株主やから、そういう人が80人ほど株主総会にやってきて荒らしてたわけですよ。

中多　「反社が関わってるということがわかれば、ファンドの投資家から訴えられるぞ。それでええんか？」って、まぁそのファンドの人に凄んだわけです。

坪田　やりますね。

中多　そしたら、相手はヒュ〜といっぺんに元気がなくなった。「この件を開示する前に、買った吉本の株を早く売ったほうがええで」と勧めたわけです。その後、ホテルのバーに連れていって、ガンガン飲ませて、「吉本なんかの株、アメリカのファンドが普通は買えへんやろ？　バックにおるのは誰や？」と聞いて。まぁ、なかなか口は割りませんでしたけど。バーが閉まってからもバーテンにチップ渡して頼んで、帰さないで飲ませたら、やっと教えてくれたんです。それで、出てきたのが、ある日本人の名前。「えーっ！」ってなった。

大﨑　みんなが知ってはるような人ですよ。

中多　その人たちは、まずアメリカのハゲタカファンドを陰でけしかけて、敵対的な買収を仕掛ける。それで吉本が困ってるところに、「じゃあ、僕たちが救ってあげますよ」と声をかけて都合のいい買収を仕掛けていくという筋書きを持っていたんです。いわゆるホワイトナイトとして、窮地を救うように出資を持ちかけるんですけど、実は裏で糸をひいて乗っ取りを狙っていたというわけです。

坪田　ライブドア事件とかで、言葉が有名になった、ホワイトナイト。でも、その時のホワイトナイトはハゲタカファンドと組んでたというわけですね。

中多　そう。ハゲタカファンドは来る、ホワイトナイトのふりした許せないヤツらもいる。

もちろん、反社も来る。非上場をなしとげるまでの5年間は、ほんまに大変でした。

大﨑　もうあかんって何回思ったか。

坪田　そこで、連帯保証でお金の責任も背負い、ある意味命も張って、反社との決別をした形で非上場をなしとげたわけなんですね。でも、それなのに、2019年に芸人さんの直営業が問題になった時には、「吉本は反社とつるんでるんじゃないのか？」みたいにメディアで言われてしまう。それは腹が立ちませんでしたか？

大﨑　10年ぐらい前にやっとお別れしたのに、「まだそんなこと言われんの？」っていうのは、正直悔しかった。

中多　実は、非上場化の前後でいろんな情報が飛び交う中、主幹事証券会社を反社に一番厳しい野村證券にお願いして。また、吉本社内の資金が不明朗などと理由《わけ》のわからないことを言われていたので、監査を4大監査法人の別の監査法人に替えて、機関投資家の方々には理解してもらえる環境づくりもしましたし……。

坪田　ある意味、吉本興業は日本一、反社と戦って決別してきた会社ですよね。

中多　当たり前ですよ。ここまでやった会社ないですよ。現在、吉本に出資してる企業を見てください。三井住友銀行、みずほ銀行とかの名前が出てくるはずです。それをちゃんと見ろよ、と思います。

坪田　銀行のようにチェックが厳しいところから出資されている会社が、反社とつきあってるわけがないだろうと。

中多　もちろん、何かのはずみで間違って取り引きすることはあるかもしれません。でも、意図的につきあってるわけじゃない。意図的につきあうっていうのは、内部に、そういう人たちが株主でいたり、社員や取締役が反社と知りながら、利益供与などのために取り引きするということですから。もし、そんなことがあったら、現在の株主の方々も厳しいコンプライアンスの下、株を売って出ていきますよ。

坪田　それはそうですよね。すごい説得力。

大﨑　でも、一部の週刊誌やテレビ番組で、今回の騒動みたいにガーッと書かれると、誤解されることになる。

坪田　知らない人にとっては、メディアが言ってることのほうが本当のように感じちゃいますもんね。

中多　そうなんですね。

坪田　中多さんの話をちゃんと聞いた人は、反社とどう戦ってきたかリアリティをもってわかりますよね。その5年があるから、大﨑さんと中多さんの信頼関係が強固になったということなんですね。

中多　正直、修羅場の5年だったので。ほんまにいまよう生きてるなぁというのと、吉本興業がようちゃんと残ったなぁと思います。いまもCIAの人たちとか、アメリカのインテリジェンスエージェンシーの人たちと話していると、修羅場になった時に、リーダーが替わったりすることが往々にしてある、というんですね。平時のリーダーというのは、論理性があったりすればいいけれど、修羅場の時は本当の意味でリーダーになる人が出てきたりする。そういう意味で、吉本の非上場化の場合は、その時は専務でやがて社長になった大﨑さんが、修羅場でもそのまま最後の大将であったというのは、ラッキーでした。それはおべっかでもなんでもなくそう思います。

大﨑　そんなこと言うてもギャラは出ぇへんで（笑）。

激変するアメリカのエージェンシー・ビジネス

坪田　これまでの話で充分満足なんですけど、本日のテーマでもある契約の話も教えていただいていいですか？

中多　では、あらためましてアメリカのタレントエージェンシーとはどういうものか説明させていただきます。

大﨑　まだ1時間あるよ。

中多　まず、ひと昔前のアメリカのタレントエージェンシーの名前を挙げると、120年前にできたウィリアム・モリス・エージェンシー、そのほか、最初に大﨑さんから話が出たCAA、そしてICM（インターナショナル・クリエイティブ・マネジメント）、UTA（ユナイテッド・タレント・エージェンシー）、エンデヴァーというのが、5大エージェンシーだったんです。他にもいっぱい小さなエージェントはあるんですが、この5つと契約していなければ、タレントには実質的に大きな仕事は入ってこない状態でした。

もともと、アメリカのタレントエージェンシーというのは、映画やテレビ番組の制作をしてはいけないという規則があったんですね。だから、ひと昔前まで彼らは、タレントのエージェント、リプリゼントという代理業務だけをしていたんです。ところが、彼らはパッケージング・ディールというビジネスを考え出した。制作そのものはしないけれど、映画や番組のための資金集め、プロデューサーやライターなどスタッフの配置などをタレントエージェンシーがやってしまうというものです。アメリカの映画の場合、P&A（プリント＆アドバタイジング）といって、制作費以外に、フィルムのプリントや宣伝広告費が制作費の80％から120％かかると言われています。制作費が百億円でP＆Aと合わせて総額2百億円の映画とかもざらにあるわけです。そのお金をエージェンシーが集め、ファイナンスも付ける。そこからエージェンシーがフィーももらいますということを、CAAという会社がやり始めたんです。

その完成形の一つが『ザ・ファーム』（邦題『ザ・ファーム／法律事務所』、1993年）というトム・クルーズ主演の映画。映画だけでなく、コカ・コーラのCMもCAAが丸がかえで作った。それまでは、映画は映画会社が作る、CMは広告代理店が作るものだったんですけど、やっぱりタレントを持ってるところ、才能を持ってるところが強いんです。CAAがパッケージング・ディールをやるようになって、だんだんとタレントエージェンシーの仕事が広がっていき、扱うお金も大きくなっていった。

そんな状況の中、11年前には、エンデヴァーと、ウィリアム・モリス・エージェンシーが合併しました。エンデヴァーという会社は当時業界5位で、主にテレビタレントが集まってました。アメリカのドラマというのは、ほとんどケーブルテレビ局が作っています。日本のケーブルテレビのイメージとは違って、ワーナーとか大きな会社も入って作っていて、予算も大きい。10本～12本でワンシーズンなんですけど、制作費は１本あたりいくらぐらいやと思います？　だいたい１本あたり、１億円から１億５千万円。だから、10本作ると15億円かかるんです。

坪田　凄っ！　ちなみに、僕の本が原作となった映画『ビリギャル』（２０１５年）の制作費は１本で２億円でした。

大﨑　２億円も使ったん？　すごいな。

中多　日本では大きいぐらいですよね。

大﨑　回収できたんや？

坪田　全部で28億円ぐらいの興行収益があった。

中多　あらまぁ、儲けてらっしゃる。

坪田　僕が儲けたわけじゃないですよ。

中多　アメリカのドラマの場合、例えば１月開始のシリーズを４つ出しますという場合に、50億円とか70億円の資金が必要になるわけです。これだけのお金を負うのは、ワーナーなどの大きな会社でも、やっぱり重い。そこで、エンデヴァーなどに頼んで、制作する前にプリセールをしてもらうようになっていったんです。ヨーロッパのテレビ局などに声をかけて、「完成したらそちらに放映権を渡しますから先に出資してください」というような交渉をエンデヴァーがしていく。すると、ワーナーはもともと15億円用意しないといけなかったのが、3億円でシリーズのドラマができたりするわけです。そういうパッケージの仕事を、エンデヴァーがどんどんやりはじめた。エンデヴァーと合併したウィリアム・モリス・エージェンシーというのは、歴史が120年もあって、すごくいい会社なんですが、合併した後にはエンデヴァーのほうが強い立場になった。というのは、こういうテレビパッケージのような新しいディールをいっぱいやれるほうが、やっぱり強いんです。そして、合併してさらに大きくなったエンデヴァーは、2016年に新しいファンドを入れて、UFC(アルティメット・ファイティング・チャンピオンシップ)を買いました。

坪田　格闘技団体のUFCですか?

中多　そうです。その前には、IMG(インターナショナル・マネジメント・グループ)も買いました。IMGというのは、テニスの錦織圭くんのいる、世界最大のスポーツマネジメント会社です。そうやって、いろんな分野の大きな会社を傘下にしていくと、結果的に制作してるのと一緒になってくるんですよ。だって、UFCの興行を打ち、そこでファイターのマネジメントしてますっていうのは、制作してるのと一緒でしょ? それで、だんだん業界そのものが、「タレントエージェントがコンテンツの制作してもええんちゃうの？」ってふうになっていったんです。

坪田　それって法律でダメだったんですよね？

中多　法律ではなく、業界のレギュレーション、規則としてはダメでした。ところが、それがどんどん壊れていったんです。

大﨑　でも、独占禁止法はあったやろ？

中多　ありました。ただ、それもメディアがばらけて多様化していく中で、効力がなくなってきたんです。昔はエンターテインメント産業の収入は映画だけだったけど、テレビができ、興行が増え、いまはユーチューブもある。最初にあった規則がどんどん揺らいでいった。業界的には、エージェンシーがあり、マネジメントがあり、そこに弁護士もいて、三つ巴の状況なんです。マネジメントとエージェンシーの差って、みんなよくわからないでしょう？　日本はこれがほとんど一緒くたなんです。アメリカの場合は、マネジメント会社で大きいところはない。マネジメントというのは、タレントがどういう風に世に出たらいいのかという戦略を考えますが、仕事は直接とってきません。

坪田　プロデューサーみたいな感じですね。

中多　そうです。でも、それだけで終わるって、ありえます？

坪田　ないですね。

中多　すると、タレントの戦略を考えるマネジメントとタレントの仕事をとってくるエージェンシーと、びしっと分かれるものではないんです。そこにどんなディールでも必ず儲かると言われている弁護士がからんでくる。

坪田　弁護士も重要な役割なんですか？

中多　エージェンシー側の弁護士と、タレント側の弁護士と、それぞれの立場に弁護士がついて、いろんなことをやるんです。

アメリカでも70％は契約書を交わしていない

中多　最近、どこかの芸能会社の騒動があって、「タレントとの契約書がないなんておかしい」とか「アメリカの契約方式を導入しなきゃいけない」とか、批判されましたよね。

大﨑　松竹芸能さんね（笑）。

坪田　まぁ、近い会社ですね（笑）。

中多　テレビでコメンテーターが吉本興業もアメリカ型の契約をしないといけない、なんてよく言ってましたよね。彼らはアメリカ型の契約が実際どうなっているかよくわからずに、そんな発言をしてるんです。

坪田　そもそもアメリカ型の契約ってどんなものなんですか？

中多　先ほど言った大手タレントエージェンシーのひとつに確認しましたが、彼らがやってるタレントエージェンシーの仕事において、なんと70％ぐらいは契約書がないまま仕事に入ったり、実質的に枠組みが決まるというんです。

坪田　えっ、タレントの7割も契約してないんですか？

中多　してないです。

大﨑　ほら、な？　吉本は先進的な仕組みでやってんねん。インターナショナルな会社なんや。大阪弁しかしゃべられへんけど。

中多　だって、契約してもしゃーないんですよ。いろんなディールがあるわけですから。例えばテレビ局からタレントにオファーが30万円できたとします。そこで会社が10％なり15％なりをとり、残りはタレントに渡すというのなら、ことは簡単なんです。でも、会社が番組作りに関わってる場合は複雑ですよね。企画から立ち上げて、スタッフも集めて、なんならスポンサーも集めて番組を作っている。その中でタレントさんへのフィーはこのぐらいという予算も作っているわけで、「すいません。今回ちょっと安くて20万円で」となった時に、「何%が取り分になってるか?」と聞かれても、どうにも答えられないんですよ。

坪田 割合なんてわからないですよね。

中多 そうなんです。仕事する前から、何%が取り分ですよ、というのもおかしな話だし。もともと、番組なり興行なりを組成してお金を集めるところからひっくるめて会社はお金を取ってるわけですから、タレントのギャラだけの部分の割合なんてわからない。それに、たとえ契約があっても、すべてが絶対履行されるわけではないんです。例えば、アーノルド・シュワルツェネッガーが、本人も納得して続けていた仕事があったとして、それについては、エージェントと何%が取り分という契約をきちんとしていたとしましょう。でも、他にいい仕事が入ったから、引き受けていた仕事を流しましょうっていうことはありますよね? そういった場合、先の仕事の契約書はあるから絶対ということはなくて、話し合いをして、契約期間の途中でも「まぁ、これはやめようか」っていうことも、あるわけです。アメリカは契約社会であることは確かなんですけど、だからといって、一度契約したらそれを絶対に履行しなくてはならないかというと、そうではない。環境に応じて変わることもあるし、なくなることもある。エージェント側が、「ごめんなさい。ギャラが減りました」ということがあって、タレント側がもし「えー、もうちょっとほしかったな」と思っても、会社といい関係を続けたければ、OKするでしょうし。逆にタレント側が、「進めていた仕事をするつもりだったけど、もっといい仕事のオファーが来たから、そちらをやっていい？」ということもある。だから、契約があったとしても、改定が頻繁に行われるわけですよ。

坪田　アメリカの契約も絶対じゃない、と。

中多　そんな現実がわかってないのに、「吉本はアメリカ型の契約じゃないからダメ」って主張するのは、「何言ってるの？」ってことじゃないですか。

自ら新しいプラットフォームを作る必要がある

中多　最近、アメリカのライターズギルドという作家さんの組合が大手タレントエージェンシーを訴えたんです。「ギャラが少ない。会社の取り分が多すぎちゃうか？」という訴えをしたんですが、原告たちのほとんどが3番手以降の作家さんだったんです。さっきも言いましたが、ケーブルテレビ制作の番組は制作費が1本あたり1億円を超えてるので、作家さんだけでも5人ぐらい抱えて、面白い部分を採用していくんですが、だいたい、1、2番目の作家さんの書いたものでこと足りてしまう。でも、自分のエージェンシーの若い作家さんに、「ギャラは安いけど、5番手で入るか？」ということで、仕事を作っているわけです。それが、「なんでこんなギャラやねん。会社が取り過ぎちゃうか？」と訴訟になった。もちろん、ライター側も生活者として辛いのはわかりますが、エージェンシー側からしたら、チャンスを作ってあげているわけだし、会社がその部分で儲けてるわけじゃない。それは吉本興業でも一緒やと思うんですよ。

大﨑　松竹芸能でも一緒やな（笑）。

中多　ギャラは安いかもしれんけど、若手のタレントさんは「まずお客さんの前に立つのが大切や」ということで出演しているわけじゃないですか。言い方悪いですけど、その人たちがいなくても成立する場合もあるわけで。「みんな、この状態を乗り越えていってるんやで。頑張ってな」という思いもこめて仕事をふっている。そのギャラが安くても会社の取り分が多いというのは言えないと思うんですよ。結局、アメリカでのライターズギルドの訴訟が起きてから、どうなったかというと、エージェンシー側が「じゃあ、ライターは5人から3人に減らしましょうか」と言い出している。そしたら、訴訟したライターズギルド側が、「えっと、そういうことじゃなくってさ……」と困り始めた。それが現実なんですよ。

坪田　「アメリカというのは契約の先進国で、日本の芸能界も同じようになろう」みたいな批判もあったけど、実はアメリカの芸能界も、そういう状況だってことですね。

大﨑　まぁ、人と人がやることやからね。

中多　しかも、エンデヴァーというエージェンシーは、UFCもIMGも、それからミス・ユニバースも持っている。昨年、日本で行われたラグビーワールドカップをもともと作ったのはIMGです。いろんなジャンルを持っているエンデヴァーと一緒に仕事をすると、タレント側もいろんな出演機会が増えるということなんです。プラットフォームを多く持っていれば、それだけチャンスを創出できるし、またそれがきっかけでタレントも集まってくる。だから、考えてやってるのかたまたまなのかわかりませんが、とある会社が、お笑いだけじゃなく新しいプラットフォームをどんどん作っていってますよね。

坪田　吉本興業という会社は、ネットや教育に広げていってますね（笑）。

中多　いまの時代、そういう新しいプラットフォームを作れないと、終わってしまう。まずはタレントさんありきだけだと、タレントさんに活躍の場を創り出さないと次がない。

だから、アメリカの伸びていくエージェンシーは、いろんなプラットフォームに接触しながら、機会を創出していく。もちろん、そこでちゃんとお金ももらいますよ、ということをやってるわけなんです。その場合、どれだけのパーセンテージを会社が取るかというのは、明確にできないですよね。

例えば、タレントに対して完全に外部から依頼された仕事に関しては、出演料からの会社のフィーは10％とか15％という明確な契約はあるかもしれません。でも、映画を1本作るとなった時に、映画人だけでプロデュースはなかなかできないから、エンデヴァーの人たちがいろんな場面で懸命に働くわけです。そのまわりにはファンドを組成する人たちがいて、彼らが映画の制作費のファンドを立ち上げることもある。その段階でまず、フィーを会社が取るというのは、当たり前のことじゃないですか。

大﨑　まぁ、吉本のことがわーっと騒ぎになったけど、契約というのは単純なものじゃないということやね。アメリカのエージェントというのは、もっとしたたかにビッグビジネスをやっている。そのエージェントがないかぎりは、仕事は作れないし、仕事がなくなれば、エンターテインメントは死ぬ、俳優さんも芸人さんも死ぬ。そういう循環のシステムのもとに動いてるわけや。

給料の3倍稼いでようやくイーブン

坪田　これまでの話を聞いていて思ったのは、これは芸能事務所という特殊な枠だけの話ではなくて、普通の会社でも全部あてはまることですよね。例えば、百年ぐらい続く会社があって、社員さんが1億円の契約をとっても、年収は5百万円ってこともあるじゃないですか。でも、それは会社の看板や信用があるから、成立した仕事なわけです。それまで創業者がリスクを取ったり、先輩たちが積みあげてきた仕事があるから会社が続いていて、いま現在もオフィスの家賃がかかったり、工場を動かしたり、会社が負担している部分は大きいわけです。

大﨑　それは個人事業主でも、1万人いる会社も、普遍化したらそういうことなんです。だから、今回、中多くんに話してもらってるのは、エージェントの契約のことなんですけど、どんな人たちにも関係ある話やと思います。

中多　例えば、私が会社員で年収1千万円だったとしますよね。「じゃあ、1千百万円稼いだら、会社に寄与してるんちゃうの？」なんて思ったら、大間違いなんです。1千万円払うためには、その人への社会保険料とか交通費とかの経費でまず1千4百万円は必要。

さらに会社にはバックオフィスがあって、営業以外に人事、総務、いろんな人が働いている。その給与も必要ですし、オフィスがあれば、その家賃や経費もかかる。一般的に、3・5倍〜4倍ぐらい稼いで、ブレイクイーブンと言われています。1千万円の年収の人は3千万円稼いで、やっとイーブン。それをわかってない人が、いっぱいいらっしゃるんです。

坪田　3倍ですら、実はイーブンというのがポイントですよね。

中多　1千万円の年収だったら4千万円稼いで初めて会社に寄与してるわけです。だから、例えば入場料1万円のイベントをやって、百人集まったとして、「吉本は百万円儲かってるのに、俺たちはこのギャラか」とか言われることがあるんですけど、「いやいや、ちゃんと計算しようよ」ってことですよ。企画や場所の確保、プロモーションにどれだけお金がかかっているか。社員が給与をもらいながら、かつ後ろには総務・経理という人たちが動くことによって、初めてイベントが創られたりもする。だから、実は赤字のことだってあるわけです。そういったことが、少しずつでもわかっていってもらいたいですね。

坪田　契約ということで言えば、私たちの日常にも契約はありますね。コンビニに行って、「おにぎりください」「120円です」「では120円払います」。これも売買契約です。専門用語では、諾成《だくせい》契約といいます。

大崎　口約束だけでも成立する契約やね。

中多　クリエイティブの現場でも、諾成契約はあるわけですが、制作の過程で状況っていろいろ変わるじゃないですか。タイミングが合わなかったり、人を集めてみたものの、監督と作家の相性が悪かったり。それを調整していくって、ものすごいエネルギーなんです。それを絶対に履行しなきゃいけない固い契約をやっていたら、誰も身動きがとれないし、作品が完成しなくなってしまう。

坪田　クリエイティブってそういうことですもんね。

中多　私は映画のファイナンスのポートフォリオを分解したことがあって、映画の成功要因というのがわかったんです。実は簡単なことで、制作前に配給が決まっている案件だけで完全にポートフォリオを組めればリターンは確実にあり、成功なんです。つまり、制作する前に配給が決まってる作品だけに出資してたら、絶対儲かる。

坪田　具体的にイメージするのが難しいんですが、どういうことですか？

中多　アメリカの映画の制作費の平均は40億円から50億円。先ほど言った、P&Aの平均が35億円から40億円。合計で平均80億円ぐらいなんです。

大﨑　プリントと宣伝だけで、映画の制作費用とだいたい同額を使うってことやな。

中多　作品ができてから、「ワーナーさん配給してくれますか？」と交渉しても「その時期はダメ」となると、タイミングが外れてしまって、結局お蔵入りになってしまうこともけっこうあるんです。すると、大きな損になる。事前に配給が決まっていたら、ほとんどが大丈夫なんです。もちろん、制作したけど「この作品あかんやん」というものしかできあがらないということもありますよ。それでも、配給が決まっている場合は、やり方があるんです。ワイドリリースという方法で、同時にたくさんの劇場でバーンと公開する。その時、映画の内容はほとんど見せずに宣伝をガンガンかけて、事前に盛り上げるだけ盛り上げる。それでワイドリリースでいろんな劇場で公開が始まると、多くの人が宣伝につられて観に行くじゃないですか。そして、「面白くない」って評判が立つ前に公開を終了する。すると、そこそこは回収できるんです。

大﨑　映画って、博打やからな。

中多　それで、そこそこ回収しておいて、観た人の多くは「おもろなかった」とは言うけど、「あれだけ宣伝していたし」と、観てない人は気になって「ＤＶＤになったら観てみるか」となって、意外とＤＶＤは売れたりする。そういうビジネスモデルがしっかりあるわけです。

坪田　つまり、出どころをちゃんと確保した上で作ることが大切なんですね。

中多　そうです。ところが、日本の映画人というのは、出どころを確保せずに映画を先に作っちゃうこともあるんです。映画が大好きだから。日本とアメリカのエージェンシーの人たちの違いというのがあって、アメリカでは、会計士や弁護士が半分ぐらいの割合でいるんです。制作のすべてを組成するということで、お金とか契約とかすべてに対し関わってくる。そこに弁護士や会計士が必要になってくるわけです。彼らにとって、映画が好きかどうかは関係ない。ビジネスとして関わっている。

大﨑　アメリカでは基本、1アーティスト、1マネジメント。一対一でやります、という場合がほとんど。それで、仕事やスキームについては、エージェントに任せますというのが基本の形。それが、吉本興業では10アーティスト、1マネジメントって感じなんやけど。

中多　すべてに対しいろんなことをやってくれるのがマネジメント会社。それだけにそんなに儲かるものではない。そのタレントが好きで、応援しますよ、ということから仕事が始まってることも多いんです。

マネジメントする人がいないと、機能しないエージェント契約

坪田　では、吉本興業で新しく導入された「エージェント契約」というのはどういうものなんですか？

大崎　僕もあんまりわかってへんから（笑）。

中多　本来の意味でのエージェントというのは、「仕事しかとってきませんよ」ということなんです。「はい、こんな仕事きました」で終わり。でもそれで、タレントを育てられるかどうかは疑問ですよね。そこに「いや、その仕事じゃなくてこんな仕事を」とか「次はこの方向で」とかマネジメントできる人がいたらいいんですけど。そうじゃないと、エージェント契約というのは機能しないはずなんです。それから、日本の場合はエージェントとマネジメントを一緒くたにやってるのがほとんど。それをもってマネジメント契約としてるのかどうかは、私は知らないですけど。それに加えて、日本でもいろんな大手の芸能事務所は番組や興行の組成もしてるでしょ。番組や映画をゼロから作ってる。その時に、ひとりひとりのタレントさんをどう売り出すかということまで考えて、「この役でどうですか？」ということになるわけじゃないですか。

純粋なエージェント契約というのは、そういうものがないということなんですよ。だか

ら、日本でエージェント契約を流布《るふ》させるのであれば、マネジメントだけをする会社をいっぱい作って、マネージャーをいっぱい育成していかなきゃいけない。それともうひとつ、タレントのギャラがいまの10倍にならないとできないでしょうね。アメリカでは、1年で50億円、百億円も稼ぐタレントさんがいっぱいいます。だから、マネジメントと仕事を分けて、エージェント契約が成立するんです。それから、現在のアメリカの大きい会社は、昔の意味のエージェンシーをやってるだけじゃないですからね。本来の意味でのエージェンシーは、仕事があったら、「10％もらいますから、はい、行きなさい」というだけですから。

坪田　しかもそれが10万円しかギャラが取れない仕事となると、エージェントには1万円しか入らない。

中多　テレビ局に行って話をつけてきた仕事を、タレントに持っていって「いや、それは受けたくない」と言われちゃうと、もう1回テレビ局にいって、他の仕事を取ってこなきゃいけない。1万円で2回テレビ局に行ったら、大赤字でしょう？　それをどこまで考えて、エージェント契約にせよとか、アメリカ型の契約にしなきゃいけないって言ってるのか、すごい疑問です。

坪田　面白いですね。そもそもアメリカはギャラ自体がメチャメチャ大きくて、それで何とか採算がとれたんだけど、それでも厳しいので、エージェントとマネジメントが一緒になろうとしているということですか？

中多　一緒ではなくて、エージェンシーという機能が変わってきて、タレントの方向性から、ビジネスの組成までやってしまうようになってるということですね。エンデヴァーなどは、エンデヴァーストリーミングといって、動画チャンネルまで持っている。プラットフォームまで持っているわけですよ。

坪田　つまり、アメリカのエージェンシーが吉本興業っぽくなろうとしているわけですね。

大﨑　そのとおりです。坪田さんに座布団一枚（笑）。

ファンドに支配されない吉本は、タレントに優しい

大﨑　吉本はタレントマネジメントと、スポーツ選手やクリエーター、ミュージシャンのマネジメントをベースにして、劇場を12持っていて、近々、BS放送のチャンネルも始まる。「ラフ&ピースマザー」という世界に動画配信するプラットフォームもある。そういうものを全部持って、「吉本はいい会社になろうとしてるから、みんな安心しておいで」、

という提案をいましてるところなんです。

最初に中多くんから「吉本はアジアのCAAになれるか?」という論文が送られてきた時、何言うてるかさっぱりわからん状態やった。いまもわかってるとは言えんけど(笑)。あれから会社の体制も随分変わったし。2019年の騒動があった後、「タレントのマネジメントとは何やろう?」「エージェントとはどういうことやろう?」「吉本という会社はどうしたら生き残れるんやろう?」って、みんな懸命に考えて動いてくれてるんですよ。芸人さんのために、僕ら社員のために、もちろんファンのために、何をしたらええかを、20代、30代、40代の若い社員が現場で考えて、いまの時点で最善の方法を編み出していってくれてる最中です。芸人さんと会って、ひとりひとりの意見や不満も聞いて、今年の2月中ぐらいに6千人の芸人さんたち全部のヒアリングと契約が、とりあえずはできた。凄いなぁと思うのは、僕に報告も相談もなく、ということは上の顔色を見ることなく、若い社員が中心になって、自主的にノウハウを編み出してるんですよ。ほんま、僕が入社した頃の吉本とは大違い。現場の社員がちゃんと頑張って自分たちのやり方を見つけていってる。喜ばしいことです。

中多　吉本の強さというのは、三重構造なんです。まず自前のタレントさんがいます。その才能を生かす制作をしてコンテンツを作っていきます。そして、適切にメディアに配信していきます。この三重構造。そうやって入ってきたお金から適正なギャラをタレントに渡しますす。それだけのモデルなんですよ。ただ、時代によってメディアがどんどん変わっていくので、制作のやり方も変わる。BS、CS、ユーチューブといったメディアにどういう風に対応していくのか。タレントさんにその機会をどうやって与えていくのか。エンデヴァーで言えば、アスリートがいるからアイスショーをやったり、モデルさんがいるからミス・ユニバースもやりますというふうに、仕事を創出していくことが大切なんです。

大﨑　中多くん、前にトム・クルーズはエージェントがいらないって話をしてたやん？あれ、もう一度話してくれる？

中多　トム・クルーズはエージェントがいらないというか、彼ぐらいになると、向こうから仕事がくるということもあって、エージェントと一緒に作品を作っているというのが、実情なんですよ。彼はプロデューサーまでやりますからね。例えば、企画者として、『『トップガン』の新しいのを作ろうぜ」と自分で言ってやり始めることもできる。その資金調達は、例えばCAAに頼んでやってもらう、ということなんです。だから、何がエージェントの仕事かってわからないんですね。

大﨑　そこで言っておきたいのは、いまやアメリカのタレントエージェンシーは、ほとんどが上場を目指しているので、後ろに出資者を募ったファンドがついているってことなんです。あるいはファンドがコントロールしています。ということは、いかに利益をあげるかということが第一になってくる。すると、アーティストやタレントと対峙してギシギシの交渉や勝負をして、会社の取り分をどう増やすかということに動いてしまう。そこへいくと、非上場化の後、再上場を目指していない吉本興業のほうが、タレントに優しい。騒動の時に、社長の岡本っちゃんが会見で、「ファミリーと思って動いた」と発言したのは、そういう意味。表現としては伝わりにくかったかもしれないけど、吉本は上場を目指してないし、利益利益って数字を追いかけてるんじゃないというのは、わかってもらえたらなぁと思う。

中多　アメリカのエージェンシーは本当にファンドの力が大きくて、例えばエンデヴァーは、主にシルバーレイクというファンドのお金でUFCやIMGを買ったり、様々なことをやっている。それは正しい戦略かもしれないですが、ファンドからお金をもらうと、最終的にイグジットしなければならない。いつかはファンドは売却して、利益を回収しなければいけないんです。でも一つの会社、エージェンシーに複数のファンドや異なる戦略の株主がいると、なかなか売却できないので、じゃあ上場するかってことになる。すると、儲けを出さないといけないから、いろんなところを絞って会社の取り分を増やしていくことになるんです。

他の要素としては、いろんなファンドがあると、それぞれのファンドの意志やタイミングの整合性が取れない場合も多い。ファンドを組成するときは期間を決めるんです。ものによって、7年で解散するとか、5年で解散するとかを決めて、出資を集めている。ところが、スタートの時期は出資者によって違うから、3年目に入った出資者からは「あと2年だから、早く上場してくれないと困る」という意見が出る一方で、他の立ち上がったばかりのファンドの出資者からは「まだ時間があるから、もうちょっと売上が増えて企業価値を上げてから上場してほしい」という意見が出る。それはどこか歪《ゆが》む要因になりやすいんですね。

メディアの変化が激しい時代だからこそ、必要なもの

中多　いまは、メディアがどんどん変わっていってる時代です。インターネットがこれだけ普及して、ユーチューブでお金が儲けられるなんて、10年前までは誰も思ってなかったでしょ？

大﨑　俺は思ってたけどなって、言うとくわ（笑）。

中多　すごい勢いでどんどんメディアが変わっていく。それに合わせていくためには、お金がかかる。それも立ち上げる前にお金がかかる。回収するためには時間がかかりますから、一時的に決算の数字がちょっと悪くなるでしょ。すると、「新しいメディアに手を出すのはやめておこう」という考えにつながったりもする。ファンドや外部から出資をしてもらうと、それだけ買収など大きなお金が張れるということでもあるんですけど、一歩間違えれば、時間がたつと上場・売却の話になるので、ギシギシに会社を縛ってしまうこともあるんです。赤字になってもいまここで資金を費やして新しいメディアを作るべきだ、そうでないと新しいタレントさんは育たないし将来タレントさんへ払うお金の源泉ができないぞ、という発想がなかなかできなくなる。吉本興業が非上場化した時に、「会社というのは公の器《うつわ》であるべきや。なんで非上場化したんだ」という人がいたんですけど。「いやいや、それは違う」と。公器だからこそ、タレントさんや社会に還元しないといけない。そのためには新しいメディアを作っていくことが大切で、そのための非上場化だったんです。ラッキーなことに、その時に株主になっていただいた方々は、上場して株価があがるキャピタルゲインを期待するのではなく、「吉本興業、頑張れ」とか、「一緒にやっていこうぜ」ということで集まってくれた。私としては、理想的なスキームを追い続けたつもりなんですよ。

坪田　たぶん会社というのは、そうあるべきだと思うし、吉本は非上場化も含めて理想的なスキーム、流れを作られてきた。でも、さっきのトム・クルーズ的な立場からしたら、自分はすごく成功して、人気もある、仕事もある、メディアや企業のトップクラスとのつきあいもあるとなった時に、ある種の勘違いじゃないけど、「もうマネジメントしなくていいです。エージェントだけでいいです」とか、「エージェントそのものもいらない」と感じてしまうこともあると思うんです。さっき中多さんがおっしゃった3倍稼いでやっとイーブンなんてこと知らないから、すごく会社に搾取されてるんじゃないか、なんて考えになってしまうこともあるでしょ？　すると、トップクラスのタレントになった時に、いまの仕事は自分の努力の結果であるんだし、会社のことや後輩のことなんか関係ないと思って、「もう、自分はマネジメントはいらないから、エージェント契約にしたい」となりかねない気がするんですけど、どうですか？

中多　でも、いまメディアの形がどんどん変わってきてるでしょ。ネットフリックスの映画が、劇場でもほとんど同時に公開されるなんてことが起こっている。プラットフォームが変わるわけですから、制作の仕方も、公開の方法もどんどん変化していく。そんな状況で、タレントさんが、「自分はもっと成長したいし、いろんな活動をしたい」と思った時に、自分ですべての情報を集めて、今後の方向性を判断できますか？

坪田　難しいですよね。

大崎　もちろん、僕らの仕事は、芸人さんやタレントさんの才能があるからこそできることで、それをリスペクトもし、面白がりもして、それを元に食べてるというのがベースにあるんやけども。例えば、ダウンタウンの松本くんが、アマゾンのプライムビデオで『ドキュメンタル』という番組を作った時に、吉本の社員がアマゾンの日本本社にまず通い、返す刀でニューヨークで決裁するところにも通い、権利の契約もして制作にも関わってということをしてるわけです。まぁ、そんなことを社員が「これだけやってます」とべらべらは言いませんよ。そもそも、芸人さんの才能があって、そこで食わせてもらってるわけですし。ただ、僕も会長になったし、何言うてるかわからんようなしゃべりのオッサンやから、ちょっとは「こんなこともやってるんですよ」というのを、社内にも、社外にも知ってもらうために活動しようとしています。今回の騒動のことも、社員の子たちひとりひとりに説明もしてないけど、自分たちはちゃんと仕事をしてるんだと胸を張って、道の真ん中を歩いてもらいたい。それを直接言ってもしょうがないので、こういうトークショーや、4月から始まるラジオで伝えていけたらなぁと思ってます。

目からウロコの新ビジネス

中多　タレントエージェンシーの機能は本当にどんどん広がっていってます。『アイ・アム・サム』（2001年）というショーン・ペンが出ていた映画を覚えてますか？　知的障害のある主人公がスターバックスで働いていて、ルーシーという娘が生まれてという展開の映画なんですが、あれは、もともと制作側がスターバックスに場所を貸してくれと頼んだのが始まりで、おかげでものすごくスターバックスのイメージが上がった。それで、スターバックスは映画投資の部門を作ったんです。映画に投資をするから、出会いの場をスターバックスにしてくれとか頼むわけです。

坪田　面白いですね。

中多　タレントエージェンシーの方も、そういう機能を作ったんです。映画やドラマを作る時に、何かの企業の商品なりお店なりをシーンに登場させるから、投資もしてくれないかと交渉する。すると、企業側はイメージアップにつながるし、たとえ興行収益としては回収できなくても、広告費と考えれば、全然損はない。広告活動なのに興行収益が上がって、お金が戻ってきたら、さらにラッキーということですよね。それで、映画を作る時に、契約企業の商品を使用するプロダクトプレイスメントというビジネスをエージェンシーがやるようになった。これは本当に目からウロコ的なビジネスで、エンデヴァーは、クレジットカードのＶＩＳＡの海外展開をほとんど仕切っています。

坪田　映画で支払いのシーンがあると、ＶＩＳＡカードが映ることになるわけですね。

中多　そういうことまで含めて収益化するプロジェクトになっている。例えば、インドの俳優さんは、ものすごく給料がよくて、「それはボリウッドがあるからでしょう」と言われるんですが、それは半分本当で半分嘘なんです。インドの場合はいろんな会社が、俳優さんと契約して会社の商品の看板に使ったりするんですが、そのフィーがかなり高い。だったら、映画に出資して、タレントの顔が出る映画の看板に社名を入れたほうがいいということで、多くの資金を出す企業がついてくれる。そのため、出演料もあがるというわけです。

大崎　中多くんが企業秘密やからと思って言わなかったことがあるんで、僕から言っておきます。エージェントとしてパッケージを作って、どこで手数料を取っていくか。大阪的にいうと、どう〝抜いていく〟か考える。仕事を作って、パッケージングする最初の時に数%、パッケージングができた時も数%、黒字化したらさらに数%抜く……じゃなくて、手数料を取ります。制作する過程でロケが増えたり、「プロットを作り直すために、新しい作家を入れる」といった追加の仕事があったら、また取ります。それプラス、自分が株を持っている制作会社に発注して、そこで取るとか。究極は、「3億円で作ります」と言っておいて、「わからんように2億で作れ」と言って、1億円抜くとか。最後はタレントやライターのギャラを減らす。ギルドがあっても、「イヤやったら、他に替えるよ」とか言って、パワーゲームで勝負して絞るということをやっていくんです。

坪田　それってアメリカのことですね？

大﨑　そう、アメリカのエージェント。

坪田　吉本興業じゃないんですね。

大﨑　吉本興業は真逆。

中多　いちばん抜きやすいのは、制作物を黒字化させて、そこでまた抜くというところ。それは批判されたとしても、誰が黒字化させてるねんってことなんですよ。エンデヴァーは160カ国にネットワークがあって、いろんな国に売り込んで黒字化させてるわけですから。そこで抜いて何が悪いねんってことでしょう。

坪田　それは本当にそうですね。これ言っていいかわからないけど、映画の『ビリギャル』が28億円の興行収入を得て、原作の僕に入ったお金は百万円ちょっとくらいですからね（会場から「え〜！」と驚きの声があがる）。

大崎　その時に僕がエージェントしとったらなぁ。

坪田　日本の映画の世界ってそういうものなんだなぁと思いましたし。例えば、よく「吉本とタレントの配分は9対1で、ひどい」なんて言われるじゃないですか。世の中の人は意外に信じてるみたいですけど、もちろんそれは冗談でしかないし。他の業界はもっと取ってる場合だってある。例えば出版でいうと、著者が受け取る印税って何％かご存知ですか？

中多　だいたい定価の10％なんですよ。

いまは8％ぐらいに下がってますよね。

坪田　10％出たとしても、取り分は9対1じゃないですか。ちなみに歌手の人がCDを売ってもらえる歌唱印税って1％です。それって、99対1ですからね。

大崎　もちろん音楽出版の印税とか、違う形では入ってくるねんけどね。

坪田　映画なんて、28億円のうちの百万円ちょっとですからね。いったい何対何なのかって話なんですよ。

中多　それは組み方が間違ってるんですよ。グロスパーティシペーションといって、売上からもお金を取れる方法があって、それもアレンジしてくれたりするのがエージェントなんです。いずれにしても、今回何を申し上げたいかというと、「アメリカの契約のシステムはすべていい。日本もそのようにしていかなきゃいけない」という意見に対して、「ある意味、日本の方が進んでまっせ」ということなんです。

大﨑　吉本のほうが進んでる。

中多　そう。「吉本のほうが進んでまっせ」ということです。ハリウッドでも70％ぐらいは契約がありません、あったとしてもどんどん改定されます、ということもわかっておいていただきたい。アメリカにはエージェントが10％とか15％しか取れないという規定があると言いますけど、いやいやいや、アメリカのエージェントもいろんなところで抜いてるんです。抜いてるっていうとイメージ悪いですけど、映画をパッケージしたり、資金を何十億円と集めたり、いろんな仕事をしているわけですから、それは取って当然じゃないですか。何をもって取りすぎかって、たぶんイメージだけなんです。そのあたりのことを、みなさんもう少しわかっていただけたらなぁと思います。

大崎　以前、内閣府の委員会で、「映画の製作委員会のデメリットってどういう点があるのか」っていう議論になった時に、僕は関係ないのに委員会に出てたんで、説明してあげようかなと思ったんですけど。答えは簡単で。例えば、吉本興業とどこかの会社が集まって映画を作ります。で、失敗して儲からへんかった、赤字やったという時に、誰もその反省をせんと、「あかんかったな。はい、次また」となって、失敗から何も学ばないから、こんなことになってるだけなんです。

中多　そうなんです。日本の映画の製作委員会というのは、民法667条の任意組合を模して作ったんですけど、アメリカのファンドの在り方とはまったく違う。そこに金融機関をどう入れるか、出口をどうしていくのか、権利の主体と収益権をどう分けるかという発想がない。じゃあ、「3人で作りましょうか」で作って、失敗しても、「みんなで持ちあいましょうか」で終わりなんです。

大崎　反省もせぇへん。

中多　まず、収益権は誰にあるんや、ということを明確にしないと。私は吉本興業時代からよく言ってるんですけど、「リスクとリターンの調整」が大切だ、と。さっきの例で出てきたスターバックスは、広告のためにお金を出すというリスクは取るけど、制作というリスクを取ってくれるかどうかはわからない。収益権というリターンは別になくてもいいという立場でしょう？　だったら、制作というリスクは誰が取るとか、黒字になった場合はどう分配するか、「リスクとリターンの調整」をしていかないといけない。取れる、取りたいリスク、それに伴うリターンの調整をしっかりと行う。それから権利の主体と収益権を分けて考えるという発想も必要になってくるでしょうね。

大﨑　いま、うちの若い社員が、イギリスの大型フォーマットの権利を、交渉に行ってまして、かなりのハードネゴシエーションやから、言葉は悪いけど「だまされたらあかんよ」と励ましたい状態なんですけど。でも、そういうことを若い社員が一生懸命勉強しながら、切り開いている。それは近い将来、日本が中国やアジアやアメリカに進出することがあった時に役に立つでしょう。吉本はまだまだ発展途上やけど、若い子たちはとてもいい社員になってくれてるなと思います。

人のお金をうまく使ってクリエイトしていく

坪田　メディアがどんどん変化していく中、どこで仕事やお金を産むかということも含めて、芸能事務所も変わっていかなくちゃいけないですよね。最後にいまは他社にいる中多さんの立場から、いまの吉本の契約体系をどう評価されていますか？　これから変わったほうがいいことは何か、変わらないほうがいいことは何か、教えてもらっていいですか？

中多　契約に関しては、私が吉本にいた時代からやっている、いい意味で緩い契約のほうが、柔軟性があるという見方をしています。今回お話ししたように、アメリカでもそうなんだから。インターネットなどの新しいメディアができてきた時に、テレビやラジオの時代と取り分が全部一緒というのはおかしいですし。それを全部予想しながら契約書に盛り込むなんてことはできるわけがない。そこは話し合いで、環境を見ながら適切にやっていこうよ、とするしかないと思います。いま現在、吉本のエージェント契約、マネジメント契約がどうなってるか、私はすべてわかってるわけではないんですが、これまでの吉本の緩い契約はある意味柔軟性があるという認識はしておいたほうがいいと思います。

それから吉本のいいところというのは、新しいメディアをどんどんつかみにいってるところですね。ネットフリックスやユーチューブなど、「これもやろう」「あれもやろう」「失敗したな。じゃあこっちをやろう」という姿勢があるじゃないですか。上場化しておらず失敗が株価に響かないので、自分たちの資金繰りの中であれば、失敗を恐れずにやれるという強みもある。
もうひとつ、吉本がＯＰＭ（アザー・ピープルズ・マネー）について気づき始めてるということに、新しい可能性を感じています。メディア王のルパート・マードックが言ってたんですけど、アザー・ピープルズ・マネー、つまり人のお金を上手に使ってクリエイトしていけばいいと。スターバックスが映画に出資したように、リスクを取れる人、リスクを取りたい人がいるわけだから、その人たちにお金を出してもらってリスクを取っていただいて、それでうまいこと利益やリスクに対するリターンをあげて還元するメソッドでやっていけば、さらに新しいクリエイトができると思います。

大﨑　いろいろリスクはあるもんね。映画の現場だけでも、スタッフを集めてチームを作るリスク。女優さんのスケジュールを押さえて、でも、それが途中でイヤやとなってしまった時のリスク。「映画がスタートしましたけど、最後まで保証できますか？」「それは私が責任とります」というリスク。いっぱいリスクがあって、それぞれが背負ってるから、作品はできる。

中多　そうです。リスクを取れる機能を持っている人たちや会社を、きちんとアレンジしていくことが必要だと思います。

大﨑　それをやっていくのが吉本興業で、それを目指そうということやね。そうやって、いろんな人の力を借りて吉本がみんなと一緒に進化できたらなぁと思っています。

第4部　吉本が考える地方創生

ゲスト・清水義次

――2020年5月　KBS京都『らぶゆ～きょうと』より

清水義次（しみず　よしつぐ）

都市・地域再生プロデューサー。株式会社アフタヌーンソサエティ代表取締役、一般社団法人公民連携事業機構代表理事、株式会社リノベリング代表取締役。

1949年、山梨県生まれ。東京大学工学部都市工学科卒業。マーケティング・コンサルタント会社を経て、1992年、株式会社アフタヌーンソサエティ設立。都市生活者の潜在意識の変化に根ざした建築・都市・地域再生プロデュースを行う。

２０２０年４月から始まった、ＫＢＳ京都のラジオ番組『らぶゅ〜きょうと』（毎週日曜24時〜25時）。大﨑さんがパーソナリティを務め、パートナーとして坪田さんも登場。５月には３週にわたって、地域再生のプロジェクトを手掛ける清水義次さんを迎えて、地方創生やＰＰＰ（パブリック・プライベート・パートナーシップ）をテーマに語ることになった。

大﨑　清水さんは１９４９年生まれ。僕が１９５３年なので、４つお兄さんです。東京大学工学部を卒業、そののち、マーケティングやコンサルティングの会社に就職され、１９９２年にアフタヌーンソサエティという会社を設立なさいました。建築や都市や地域再生のプロデュースをずっとされています。〝ヤモリ〟プロジェクト、家を守ると書いて家守プロジェクト事業のプロデュースをされていまして、新宿・歌舞伎町の再開発にも関わっておられました。吉本興業の東京本部は、歌舞伎町にある廃校になった元新宿区立四谷第五小学校の建物を使ってます。築90年近い古い校舎に神保町から引っ越してきて、いままでもそこを社屋にしているんですが。その時、清水さんが新宿区にいろいろ提案して動

いてくださったおかげで、移転ができました。

引っ越して、もう12年ぐらいになりますかね。昔の学校の校舎を基本的にはそのまま使っているんで、懐かしい感じが残ってるんですよ。中庭には、当時の運動場があって、体育館があって、なんと防空壕もある。この素晴らしい学校に引っ越してきてから、地域との触れ合いもできるようになりました。中庭にトマトやイチゴやトウガラシを植えて、収穫の時期には近隣の子どもたちに来てもらって、一緒に収穫して洗って食べたり。季節季節でいろんな行事や演芸大会もやっています。お正月にはお餅つきして、地元の人たちと一緒に楽しんだりしてね。テレビの番組で視聴率を取るのも大事ではあるんやけども、そもそもお笑いというのは、地域の人たちと一緒に暮らして、笑って泣いてみたいなことが原点だと思うんですよね。90年前からある学校なので、当時の廊下もそのままで、なんか、そこで子どもたちが遊んだり転んだりしてきた、子どもたちの、ええ「気」が残ってるような感じがするんですよね。そんな校舎を、吉本みたいなエンターテインメントの会社が使わせてもらうっていうのは、本当にぴったりでありがたいことやなぁと思っています。

僕は年寄りなんで、朝、誰よりも早く会社に行ってしまう時があるんやけど、すると、きれいなちっちゃな鳥がいたりして、お米粒あげて、ホッとしたりもしてるんですよ。

坪田　歌舞伎町にあった小学校に本部を移転したきっかけは何だったんですか？

大﨑　実をいうと、小学校に移転しようと決めた時は、社員全員に反対されたんやけどね。いまはみんなええとこやと喜んでくれてるけど。いきさつをざっと話すと、2001年から新宿の駅ビルで、吉本の劇場「ルミネtheよしもと」を作ってやらせてもらっていて、そのオープン何周年かの時に、当時、新宿区長だった中山弘子さんがお祝いにきてくださった。その時、初対面やった僕に、「大﨑さん、歌舞伎町ってどう思う？」といきなり聞いてこられたんですよ。それで、「日本一、アジア一の繁華街、素晴らしい町です」と答えたら、区長さんがニコッと笑って、「来ない？」と誘ってくれたんです。

僕は最初、区役所に遊びに来いって言うてはるのかなと思って、「はい。いつでも行きますわ」って調子いい返事してしまって。その時、歌舞伎町の再開発プロジェクトのチームに入ってはった清水さんに確認したら、それは「歌舞伎町に引っ越して来ない？」という意味やったとわかった。そんな大事なことに「はい」って言うてしもた、弱ったなぁということになって。

歌舞伎町というのは、もともとは傾奇者《かぶきもの》がいる、エンターテインメントの町だったのが、チャイナマフィアが入ってきたり、町の様相が変わってきていたので、吉本というアホな会社が歌舞伎町に来たら、もう一度エンターテインメントの明るい綺麗な町になれるんじゃないかと、お声がけいただいたんでしょう。それは意味のあることやなぁと思いつつ、当時は、神保町に吉本興業の創業家の買ったビルがあって、そこに家賃を払って東京の社屋にしてたんで、僕は副社長になってたとはいえ、勝手に動くのもなぁと悩んでたんです。とりあえず、社長やった吉野伊佐男さんに電話で説明して、「歌舞伎町の築80年近くの小学校に引っ越そうと思ってるんですが、どうですかね？」って確認したら、吉野さんもさすがに吉本の社長だけあってアホやから（笑）、現場も見てへんのに、「ええな、大崎、行こう行こう」と承諾してくれて、引っ越してきたというわけです。

清水　移転の時には、そんなやりとりがあったんですか。

大崎　地元の人たちも受け入れてくださって、引っ越しのお祝いに小学校の1期生だったというおじいさんも来てくれて、「自分たちが通ってた小学校を使ってくれて、ありがとう」と言うてくれた時は、ほんまに嬉しくて、越してきて良かったなぁと思いました。その時、清水さんにはいろいろお世話になってたんです。

「吉本BS」はすべて地方創生番組にする

大﨑　清水さんは歌舞伎町のほか、東京の千代田区神田とか、北九州市の小倉とかで古い建物をリノベーションして再開発するまちづくりのビジネスモデルを作ってこられました。お仲間は「水都大阪」というプロジェクトにも関わられ、堂島川、土佐堀川、木津川、東横堀川などの川を中心に開発を考えることもされておられます。今回は、清水さんと地方創生の話をしていきたいと思います。

吉本興業は、昨年11月に総務省の許認可を得て、BSのひとつのチャンネルを獲得しました。実は申請前日まで、「お金もないのに、ほんまにBS放送の申請してええんかな。お世話になってるテレビ局さんに迷惑かけてもいかんし、どうしょう？　でもやめたら後悔しそうやし」と迷ってたんです。社長の岡本っちゃんが、「やりましょうか」て、ええかげんな返事をしてくれまして（笑）。よしやっぱりやろうと申請したら、なぜか認可を受けて、やることになりました。

とはいえ、ずっとお世話になってきた放送局さんと競合して迷惑をかけるのはイヤやし、誰もに喜んでもらえるような放送局にしたいと思って考えたのが、地方創生のためのBSチャンネルにすることでした。具体的には、朝7時から夜の12時まで放送するとしたら、

1日30以上の番組枠があって、1週間で2百以上の番組を放送できる。そのすべてを、地方創生の番組にするつもりです。吉本では、10年ぐらい前から、いろんな都道府県の町に「住みます芸人」というのを作って、実際にその地に住んで活動をするということをやってきました。スタッフの泉正隆くんたちが、コツコツと小さな実績を積み上げて、観光大使とかも、7百〜8百件ぐらいやっているそうです。

坪田　10年前から地方創生のために動いていたんですね。

大﨑　秋田や新潟や福岡や、いろんなとこに「住みます芸人」はいるんですけど、どこでも「いいですね」と喜んでもらえて、吉本がやってる事業の中で、こんなに評判のええのは初めてってぐらい好評なんです（笑）。それは、スタッフや芸人たちが、毎日コツコツ頑張ってくれてきたおかげなんやけど。それを、「吉本BS」を使って、もっと伸ばそうと思ってるんですよ。

坪田　「住みます芸人」でBSの番組をやるんですね。

大﨑　30分番組を制作費3万円ぐらいで作らなあかんねんけどな。デジカメをまわして、いろんな村や町を訪ね歩いて、おばあちゃんおじいちゃんの不安や困ってることを解決していったりする、社会課題解決番組みたいなことにしたいなと思ってる。その番組でひとつのプロジェクトを起こして、資本金10万円ぐらいの事業や会社を立ち上げて、それを放送していこうと考えています。だから、コマーシャルはなし、視聴率は気にしませんっていう放送局でいこうって、ひらめいたんですよ。

坪田　それだと確かに、他の放送局とバッティングしないですよね。

大崎　吉本にはいま6千人ぐらいの芸人さんがいるんですが、BSの番組をひとつずつ担当すれば、2百～3百人の子たちは、レギュラー番組が持てるんですもんね。ただし、制作費3万円やけど（笑）。でも、そこで地元の人が関わりたいと思ってくれはったら、例えばラーメン屋のおっちゃんが、「うちの村で、こんなことやってくれたら、1万円出す」と声かけてくれたりとか、いま流行りのクラウドファンディングで集めようと考えてくれる人がおったりとか、もしかしたら中小企業のおっちゃんが大盤振る舞いで、「頑張ってくれるんやったら、俺は毎回2万円出すわ」と言うてくれるようになるかもしれへん。そしたら、制作費が3万円から5万円になる。そうすると、番組に関わった芸人の子たちは、ギャラも上がる。そしたら、もっと頑張って営業しようとなるでしょう。これで、うまくいったらええなぁっていうイメージなんです。

「住みます芸人」を担当してるスタッフや他の社員にも聞いたら、最近の若い芸人の子たちは、地方に行きたい子が多いそうなんです。「知り合いのおっちゃんが呼んでくれてるんで、もっと営業をやりたいんです」とか、「自分で地元の営業の仕事を取ってきていいですか」とか、けっこう言ってくるらしい。さすが、芸人の子たちは、時代の空気を読んでるというか、地方に可能性があるということを、アンテナで感じてるんやろうね。特に3・11以降、意識が大きく変わったような気がします。

坪田　大﨑さんの目指す地方創生がBSチャンネルと結びつくわけですね。

大﨑　新型コロナウイルスの影響で全国が緊急事態宣言下になった時、日本電産の永守重信会長が、日経新聞のインタビュー記事で、「50年間、利益を追い求める自分の手法がすべて正しいと思って経営してきた」というようなことを語り、そのことが「失敗やった」とまで言い切っておられたんです。凄い経営者だと心の底から驚いた。でも、僕は誠に失礼ながら、「え、いまさらそんなこと……。俺はずっと前から感じてたで」と、ちょっと思ってしまったんですね。吉本みたいなアホな会社は、何の生産物も生み出してない、多くの雇用を創出しているわけでもない。たくさんの利益をあげて、税金を払えているわけでもない。世の中のために笑いを振りまいて、幸せの第一歩というか、ちっちゃな半歩になれたらええなぁというのが、吉本というお笑い集団の存在意義やと、僕は思ってきたんで。そんな偉い会社の会長さんが反省しはるような、これまでの右肩上がりとは違う時代になっていく変わり目に、地方創生に関わっていくのは、意味のあることかなぁと思っています。

吉本BSを始めるにあたって、これからどうお金を集めるかとか、ファンディングのことだとか、問題はいろいろあるんやけども。地元の人たちと出会って、おらが村、おらが町の問題を一緒に解決していきたいな、と。まぁ、地元の人たちに「一緒にやろうよ」と言ってもらえるまでになるには、これから5年10年かけて、信頼関係を築いていかないとあかんのですけどね。とはいえ、うちはまだそのノウハウもないし、どうしようかなぁと思った時に、まず浮かんだのが清水さんの顔でした。そこで、歌舞伎町の小学校に引っ越した時にお世話になって以来、10何年ぶりぐらいに清水さんにお電話して、一緒にご飯食べたのが数カ月前。清水さんは優しいので、「大﨑さん、私にできることなら、なんでも言うてください」とおっしゃってくださって。「よし、しめた！」と、これからいろいろ相談をさせてもらうつもりです。清水さんはいろいろご本も出しておられるんですが、『民間主導・行政支援の公民連携の教科書』（日経BP）という本をお仲間と作られていて、まぁ、僕も全部は理解できてないんですけど、すごく役に立つことが書かれてるんで、スタッフといっしょに勉強していきたいなぁと思っています。

江戸の町を支えていた2万人以上の「家守《やもり》」

大﨑　清水さんは、ＰＰＰエージェントという、民間企業が行政の代わりとなって公共施設などを運営していく制度のことを勉強する講座を、全国70カ所以上で開催されています。要は、地元のリーダーを育成して、地元の役場や市役所の立場になって、市民や地元の企業、あるいは海外の企業も呼んで、どうすべてを結びつけて町づくりをしていくか、というのが、清水さんやお仲間が目指しているＰＰＰエージェントなんですが、それを勉強しながら、吉本のＢＳをやれたらいいなと考えています。

坪田　清水さんは地方創生のためにずっと活動され、そのための人材も育ててこられたわけですね。

大﨑　それで、ＰＰＰってなんぞやって話をすると長くなるんですが、パブリック・プライベート・パートナーシップ、つまり官民の連携ということだそうです。慌ててプチ勉強してきた知識なんですけど。

坪田　清水さんに質問を投げたらどうですか、「ＰＰＰって何ですか？」って。

大崎　投げる前にちょっとだけ。1980年代に3公社、電電公社がNTTになり、専売公社はJTになり、国鉄はJRになって、民間企業の稼ぐノウハウをモチベーションとして取り入れたことがあったやんか。

坪田　それも官民連携なんですね。

大崎　清水さんのご本に書いてあることで、「なるほどな」と思ったところなんですけど、その時の官と民は、上下関係があった、と。行政からの指導や移行が、上からおりてきたという関係にあったのを、清水さんたちのお仲間は、官民上下の関係ではなく、横並びの関係になって、民間のリーダーが行政側と一緒にプロジェクトをやっていきましょうという、新しい日本流のPPPを編み出されたんです。あとは、坪田さんの才能で、清水さんにいろいろ質問してくれますか？

坪田　また、とんでもないムチャぶりですね（笑）。

清水　では、少しだけ私から説明させていただきます。町づくりに関わると、お財布がピーピーピーになるというのが、PPPの原点なんですが（笑）。

坪田　いきなり、おもしろ説明ですか（笑）。

清水　お金の話は大事なんです。もともと、日本では、町づくりをする時に儲けちゃいけない、という考え方があるでしょ。でも、それって私は誤った考え方だと思うんですよ。最近の若い人たちは少し変わってきたように思いますが、日本ではお金を稼ぐのは汚いことだという誤った考え方を持つ人が多かった。でも、大切なのはお金の使い方じゃないですか？　儲けたお金を、どう投資したり、使ったりするかが問われるべきだと思います。「民間はお金だけ儲けてるから悪だ」とか、「公共の役に立ってない」みたいな考え方が古い日本にはあるんです。でも、民間企業が稼いだお金の中から税金が支払われて、公共のサービスが提供されているわけですよね。だから、適正なビジネスでお金を稼いで、税金を払っているのを、悪だと感じるのは変かなと思います。私がここで問いかけたいのは「パブリックマインド、公共心を持つ民間がいて、何がいけないんですか？」ということ。歴史的に見ても、公共心を持つ民間がいて、初めて町が継続できている。例えば、京都で明治期に作られた小学校のほとんどは、町の人がお金を寄付して作ったんですよ。

大﨑　大阪もそうですよね？

清水　大阪もそうです。大坂城を作る時に、船場あたりに「家守」の役割をする人がいたらしいんです。大坂城の周りの湿地帯を埋め立てて、そこに橋をかけて城下町ができたそうなんですが、その時に、御公儀豊臣政権がかけた橋は、30何本ある橋のうち、わずか2

本。それ以外の30何本は、民間が橋をかけて町を作ったそうなんです。

大坂城の周りにできたその町は、「家守」の仕組みを作って、運営していました。不動産を持つ地主がいて、地主から土地や家を預かって不動産を管理することで収益を得る人たちがいて、これが「家守」ですね。この家守たちが5人ぐらいで組になり、小さな町を作って、自治をするようになったんです。町に門を作って、家守が門番を輪番でやって門を開け閉めして治安を守ったり、戸籍をつけたり、町の中で御触れを出したり、罪人を捕まえたり。それから、いい店子《たなこ》を援助して伸ばしたり、悪い店子を追い出したり。そういうことをやって、家守の制度を民間が作り出して、大阪のにぎわう町が維持できたそうなんですよ。

坪田 家守の歴史、面白いですね。

清水 その大阪で生まれた家守のシステムが、江戸城ができてから、江戸でも定着してずっと残ったと、歴史家は言ってますね。

大﨑 家守という言葉は当時からあったんですか？

清水 江戸期からあったようです。家を守る家守、もしくは大家とも呼ばれていた、ということです。歴史家に聞いて、落語に出てくる大家は家守のことだと、私も初めて知りました。

大﨑　お腹の白いヤモリも、家を守る生き物と言われてますよね。家守ってよくできた言葉ですね。

清水　私たちがいまの時代に家守を始める時、「自治体が財政難になっても気にすることはない。民間が自立して町を守り、町を育てていくのが、家守なんだから」と言っていました。江戸期に、いろんなものを記録した喜田川守貞という人がいて、その方の記述によると、江戸時代天保の頃、江戸には1千6百余りの町があったそうなんです。ひとつの町を、5人組を組んで輪番制で家守をやっていた、ということが記述されています。家守になるには人望があり、ある程度財力がないといけない。家守株というのがあって、これが百両ぐらいで取引きされて、年収がだいたい30〜40両ある職業だったそうです。辞める時は、家守株をまた後進に譲っていくというシステムです。ただし、お金があるだけではダメで、町の人たちが「この人なら家守を任せられる」と信頼のある人しか、なれなかったようです。

喜田川守貞は、当時の江戸の町人人口が60万人ぐらいいたのに対して、家守は2万1千17人いた、と記述しています。ということは、町人30人に対してひとりの家守がいたということになる。それだけ家守はポピュラーな仕事だったということですね。だから、いまの日本でも、国が財政難になったから国債を発行してどうのこうのというのも必要かもしれないけれども、民間が自立して、不動産をベースに収益をあげながら町を守るというやりかたはできないだろうか、と考えて、2003年から、「現代版家守」ということをスタートしたというわけです。

大崎　どう？　坪っちゃん、おもろいやろ？

坪田　めちゃくちゃ面白いです。

高齢化と過疎化が進む地方で増え続ける資源とは？

清水　私は1990年代の中頃から、日本社会は変化期に入ったと捉えているんです。デフレと人口減少のふたつの原因が掛け算になって、社会が縮退化していく時代に突入した。このデフレと人口減少のふたつの原因に対して、どうアプローチしていくかというのが、家守の根本的な課題なんです。その縮退化していく中で、実は増え続けているものがあるんですね。

坪田　縮退化する社会で、増えているものって何でしょうか？

清水　地方都市に行った時に、いちばんの中心部がどんどん衰退しているでしょう？　そこには、遊休化した不動産がどんどん増え続けているんですね。住宅地も、昔はとてもいい住宅地だったところが、いまは空家だらけです。さらに農地では、農業耕作者の高齢化が進んで、休耕田がどんどん増え続けている。その外側にある森林は、林業従事者が減って、どんどん荒れ果てて、これも遊休化している。これらはすべて、日本の大きな資源なんです。この遊休化した資源に着目して、志を持ちながら、収益を上げることを住民と一緒にやっていきましょうというのが、現代版家守の考え方です。ここで大切なのは、志なきことはやってはダメということです。ただ、お金を儲ければいいということではない。

大﨑　そこが大事やってことや。吉本の社員、よく覚えておくように。

清水　お金を儲ける方法なら、もっと効率のいい方法がたくさんあります。ただ、儲けることが悪いことだとは私は思いません。儲けたお金を次にどう投資するか、どう寄付するかが問題であってね。例えば、アメリカのシアトルの図書館は、ビル・ゲイツの寄付のおかげで維持できてるそうなんですよ。「図書館があったから、マイクロソフトの事業ができた」という感謝の気持ちからビル・ゲイツが多額の寄付をし続けて、公共性の高い図書館を守っている。だから、儲けてはいけないということではない。けれど、町について関わる家守の場合は、できれば公共心を持って、なおかつ稼ぐということを一生懸命にやることが大事だと思います。

先ほどの大﨑会長の話では、ボロボロの古い小学校を見て、子どもたちの記憶のかけらが「気」として残っていると感じられたということでしたが、このボロボロのものを歴史のある価値として感じる見立てが重要なんです。本質的な価値を見抜くことが、家守にとっては非常に大事。古い建物は耐震性がないこともあります。それを部分的に使う時は、耐震性にお金をかけられないことも多い。そういう場合は、長期で使用することはできませんが、5年暫定利用でやりましょうという呼びかけをします。投資も集めないといけないですが、5年以内に投資を回収するという原則で計画を進める。

その際に絶対にしてはいけないのは、空き物件の内装や設備などを作ってから、その後で借りる人を探すという従来のやり方。まず施設を作る前に、使いたい人を募って、彼らがどのぐらいの賃料が払えるかを聞くことから始めないといけない。若い方は才能があっても、払える月額の家賃に限度があります。「3万円なら払える」「5万円までなら大丈夫」というぐらいの人たちが多いですが、ひとりひとりは多額でなくても、その人たちが20〜30人集まれば、かなりの金額になるでしょう。そうやって、空きスペースの借り手を先に集めて賃料として入るお金のメドをたて、5年で投資した分を回収できる仕組みができてから、やっと設備投資をしましょう、ということなんです。

大﨑　はい、清水先生！

清水　先生と呼ぶのだけはやめてください（笑）。

大﨑　わかりました、先生（笑）。余ってる家や農地いうのは、いま日本で大きな問題となってるところですよね。不安のあることや困った問題がビジネスチャンスになるというのは、いまの若い子たちをすごく勇気づけると僕は思うんですよ。いま、困ったり悩んだりしてる若い子がとても多いので、それが実は人生の活力の元だということを、伝えていければと思います。

坪田　本当にそのとおりですね。それから、歴史的な話を聞いて思ったのは、日本ってお上《かみ》信仰が強いじゃないですか。「お上の言うことを全部聞きます」と、頼り続けているところがある。けれど、歴史的には家守のシステムのように民間がずっと動いてきたわけで。国が作ったビルやインフラが老朽化している問題も、例えば、公共のために何かしたいという志を持っている人たちに貸して、盛り上げていくことは大事なことだと思うんです。ユヌス・よしもとソーシャルアクション（2018年にムハマド・ユヌス氏と吉本興業が提携して作った会社で、「ユヌス・ソーシャルビジネス」の実践と普及に向けて、具体的な事業を展開している）もそういうことですよね？

大崎　ユヌスさんも、「楽しく笑いながら稼ぎましょう」って姿勢で、お金を出資した人には出資分は戻します、配当はまた次の社会貢献に使いますってこともんね。清水さんがおっしゃったことに通じると思います。

清水　江戸の町を調べてみると、江戸幕府が給金を払っている、町方の役人は250～3百人しかいなかったそうなんです。町人で60万人、武士と合わせて百万人ほどいる町を、そんな少人数で治めているというのを、不思議だなと思っていたんですけど。実はその下に「家守」という自立型の町役人が2万人もいたというのを知って、納得できました。

大崎　単純に比べることはできないけど、江戸の町人たちのほうがいまより自立してたってことですかね。

清水　まさにそうですね。いま、日本の百万都市では、自治体の職員数って人口の1％ぐらいなんです。同じ率でいけば、江戸では60万人に対して6千人必要な計算になりますが、それが250～3百人ですからね。その頂点が時代劇に出てくる「遠山の金さん」。

坪田　町奉行ですね。

清水　ですから、いまは江戸時代に比べて自治体職員は多いわけで。公共を維持するために、「金がない金がない」という自治体は多いんですが、大きいのは人件費ですよね。じゃあ、民間が行政マンに代わってその役割をやってあげれば、人件費は減らすことができるでしょ。そしたら、弱者に対する社会保障のお金も生み出せるかもしれない。単純にはいかないでしょうけど、現代を江戸に置き換えるとそういうことになりますね。

沖縄国際映画祭で得た貴重な財産

大﨑　金にえげつない吉本の人間が、公共心の話をなぜするんだと言われてしまうかもしらんけど（笑）、僕が社長になった時に始めたことで、沖縄国際映画祭というのがあるんです。そもそものきっかけは、ダウンタウンの松本くんが、『大日本人』（2007年）という映画を撮って、カンヌ映画祭に招待されたことなんです。招待されたのは松本くんひとりやったんですけど、みんな「やったー！」ってなって、僕らスタッフも15人ほどカンヌについて行ったんですね。もう、景色見ても、食事しても、感激ばっかりで。記者会見ひとつにしても、レストランの屋上で、南フランスの太陽のもと、シャンパンやワインを飲みながらやるんです。「うわぁ、カッコいいなぁ」「毎年カンヌに行きたいなぁ」と心動かされて。というても、毎年、松本人志先生に映画作ってもらうわけにもいかんし。「せや、自分らで映画祭やったらええ」と思いついて、「日本でやるなら沖縄や!」「沖縄やったら、北谷町《ちゃたんちょう》や!」って思いついたんです。

坪田 そういうきっかけだったんですね。

大崎 昔、北谷町に行った時に、楽しかった思い出があったんでね。カンヌから東京に帰ってきてすぐ、社員を集めて、「カンヌめっちゃ楽しかったから、沖縄で映画祭するで」と会議をしたんです。ところが、社員の誰も映画祭に参加したこともない状態で、「東京国際映画祭のパンフレットとか組織図とか、パクッてきて」というところからのスタートでした。その時に、元エイベックスの釼持(嘉一)ちゃんという子がイベント運営とかやっていたので、彼に頼むことになった。いろいろこういうことをやりたいからって説明して、予算を立ててもらったんですけど。最初出てきたのは8億円っていう予算で。「吉本にそんな大金ないがな。5千万円でやってくれ」って頼んで、なんとか予算を組みなおしてもらったんですが、「これでギリギリです」と出された予算が3億円やったんです。そこまで頑張ってくれたら、「足らん分は、言い出しっぺの僕が集めるわ」と言わなしゃーない。5千万円は吉本が出すとして、京楽さんというパチンコメーカーの社長の榎本(善紀）ちゃんと仲良くしてたので、「沖縄で映画祭したいから、５千万円出してくれるか？」と頼んだら、「はい」とすぐにＯＫしてくれて。まぁ、吉本と違ってお金持ちやからね。なんやったら３億円出してくれへんかなぁと思って、京楽さんの名古屋の本社まで行って、「５千万円出すって話、３億円にしてくれへんかな」って頼んだら、「はい、わかりました」って快諾してくれたんです。それで、そのままスタッフに電話して、「３億出してくれるって。映画祭やろう！」って動いた。ところが、いざやってみると、あれもしたい、これもしたいってなってしもて、結局８億円ぐらいかかってしまった。

坪田　結果、差し引きは赤字になってしまったんですね。

大﨑　６億ほどの赤字になってしもて。大﨑が言うてるから、財務の子も現場の子も、黙って動いてくれてんけど。以来、毎年６億ぐらいの赤字を出しながら、沖縄で映画祭をやってきました。今年は新型コロナの問題があったから、超縮小してやったんやけど。ゼロからスタートして、赤字になりながら、見よう見まねで映画祭を作るうちに、ノウハウは蓄積できたと思います。

沖縄で映画祭を始めて３年目の２０１１年、３月11日に東日本大震災が起こりました。「歌舞音曲はしばらく自粛しましょう」という流れになって、３月下旬に開催予定やった沖縄国際映画祭も、中止するかどうかの判断を迫られたんです。中止したほうがええんかなぁと悩みながら、みんながゼロから作ってくれた映画祭を、「今回はやめよう」とは、僕はどうしても言えなくて、結局開催することに決めました。その時、「エール」というテーマタイトルをつけて、いろんなエールがあるんやけど、沖縄から本土に向けてエールを送るという意味をこめて、そんなタイトルにして。時期が時期やから、批判されるかなぁと思ったけど、たくさんの人が集まってくれて、無事に開催することができたんです。みんな、被災地への募金もいっぱいしてくれてね。子どもたちも5円玉や10円玉を握りしめて募金してくれたお金が、いっぱい集まった。映画祭やって良かったって、嬉しかったなぁ。

坪田　僕も何度か沖縄国際映画祭に参加させてもらってますが、町全体で盛り上がっている感じがして、本当に楽しいんですよね。

大﨑　何のノウハウもないところから映画祭を作っていったんで、大変なこともいっぱいあったんやけどね。キム・ドンホさんという韓国の釜山国際映画祭の生みの親と言われる映画人に、ソウルまで行って「今度沖縄で映画祭をやろうと思うんですけど、吉本は映画には関係のない会社なので、なんのコネもなく、直接頼みに来ました。ドンホさん、審査委員長をやってください」と頭を下げたら、引き受けてくださったんですよ。2年目の時に「審査委員長は毎年替わらないと、映画祭の格がつかないから」と断わられたんですが、「ドンホさんしか知らないんで、お願いします」と頼み込んで。3回目からは毎年名誉顧問をやってもらっています。それで、震災の年から2年後やったかな。ソウルからいらしたドンホさんと、当社のソウル事業所のソニアという女性が、那覇から一緒に、当時の会場やった宜野湾までタクシーに乗ったんです。そのタクシーの運転手さんが沖縄で生まれ育ったというおじいちゃんで、いろいろしゃべってるうちにドンホさんとソニアの2人が映画祭の関係者だとわかると、「沖縄で、こんな大きな大きなお祭りをやってもらって、本当にありがとうございます」って、わぁわぁ泣きはったんです。それで、ドンホさんもソニアももらい泣きしてしもて、一緒に涙を流しながら会場に入ったことがありました。そんないい思い出がいっぱいあります。

坪田　いい話ですね。まさに公共のために映画祭があるわけですね。

大﨑　吉本の社員にも芸人さんにも無理言うて、総出で沖縄国際映画祭をやってきて、地元の人たちと一緒にお祭りを作ることで、こんなにも心がひとつになって、笑ったり泣いたりできるんだということを共通体験できたのは、貴重な財産になった。毎年6億円の赤字でも、この共通体験は、いつか吉本のＤＮＡになって、役に立つと信じています。

テレビのゴールデンタイムで自分の名前のついた冠番組を持って、視聴率を取るというのも、お笑い芸人が目指す大きな目標なんですけど、それだけではない。地方に行って、地元のおじいちゃんおばあちゃんや子どもたちと、手作りで大きなお祭りを作るというのも、お笑い芸人の大きな役割じゃないかなぁと、僕は思うんですよね。

だからね、「お笑い風情の吉本が、地方創生をどうこうするなんて、意味あるんか？」という批判はあるでしょうけど、僕の中では矛盾していないんです。「吉本ＢＳ」も映画祭も地方創生に繋がっている。というわけで、分不相応かもしれないけど、公共心を持って、公共性のあることに、お笑いの吉本が関わるということは、意味があることじゃないかと思っています。だから、清水さんのお話を聞いて、わずかしか理解できないけども、考えていくきっかけになればと……。それで、じっくりお話を聞く前に、思いついた計画を言ってもいいですか。

清水　何でしょう？

大﨑　全国市町村長カラオケのど自慢大会を、なんばグランド花月でやりたいなぁと思ってね。みんなでカラオケ大会やりながら、地元のＣＭを流して、おらが村の宣伝をしてもらったらどうやろう？　というのは、地方の村長さんとか町長さんとか、みんなキャラクターがすごい面白いんですよね。

清水　本当に魅力的な人が多いですね。

大崎　沖縄の大宜味村《おおぎみそん》というシークヮーサーで有名な村の村長さんは、最初にご挨拶に行った時に、畑ががさがさっと動いて、イノシシやと思ったら、村長さんやったっていうような人物で（笑）。その方が、大阪まで地元の宣伝に来てくれはったことがあったんですよ。なんばグランド花月の出し物の合間に舞台に立たれて、「大宜味村のシークヮーサー、身体によくておいしいですよ」って宣伝活動されたんです。漫才を観に来たお客さんの前で、舞台に立ってしゃべるって勇気のいることやと思うんですけど、それだけ地元のために一生懸命なんやね。終わってからは、物販コーナーで職員さんと一緒になって、「いらっしゃい！」と大声を出して、頑張ってはったんですよ。

その大宜味村の村長さんが、地元で開催するゴルフコンペに誘ってくれはってね。行ったら、村の議長さんや本部町《もとぶちょう》の町長さんとか、いっぱい紹介されて。ゴルフした後も、飲みながら、わぁわぁ楽しくしゃべってるうちに、「おらが村や町の、自慢の農産物や名産品を日本中に宣伝して売りたい」というような話が出て。3軒目のカラオケに行っても、歌いながら、ずっとそんな話をしてるから。「県の市町村の首長さんや議長さん集めて、なんばグランド花月でカラオケのど自慢大会やろう」って話で盛り上がったんです。全国の市町村長が集まって、のど自慢大会をやりながら、自分の町の物産や伝統工芸品をプロモーションできたらなぁって考えているんです。

もうひとつ思いついたのは、「シェフ1グランプリ」。地方で頑張ってる、若き料理人が腕比べをするバトル大会。若い料理人が地元の食材を使って料理をする。そこで、料理にまつわる話とか、お祭りの話とか、あるいは、地元の人しか知らないようなおばあちゃんの作るおかずを紹介するとか。「吉本BS」では、平日は地元を紹介する番組をやりながら、土日は、そういう「シェフ1グランプリ」や、市町村長カラオケとおらが村自慢大会みたいな、みんな寄ってのお祭りみたいな番組ができたらいいなと思ってます。

坪田　面白いですね。甲子園なんかは、高校球児が各都道府県を代表して戦って、そこにドラマがあって、地元の人たちがみんな応援する。それと同じですよね。

大﨑　高校野球も、漫才の『M-1（グランプリ）』もそうやねんけど、若い子が汗まみれ泥まみれになりながら、一生懸命やってる姿って、若い子が見ても、年寄りが見ても、面白いでしょ。「シェフ1グランプリ」も、そんなわかりやすくて面白いもんになるとええなと思ってるんですよ。

清水　いいですね。

大﨑　坪っちゃんの本読んだり、清水さんの話聞いたりして、いろいろ思いついたんでね。吉本はタレントのエージェントとして、タレントの仕事を作り出すというのも必要なんで、今後にやりたいことをいろいろしゃべってしまいました。

クレーマーにならずに、事業者市民になろう

大﨑　では、清水さん、「ＰＰＰとはなんぞや」という本題に戻りましょう。

清水　はい。ＰＰＰというのは、アメリカでは比較的、一般的な考え方なんだそうです。西部開拓の歴史を見ても、住民が全員参加する直接民主主義のような町の作られ方が多かったんです。そうした伝統があって、現在も中央政府の役割よりも地方政府の役割が大きく、州ごとに独立して自治を行っている。ひとつの町ごとになると、より直接民主主義的な考え方で運営されています。これはアメリカだけじゃなく、スイスやオーストリアや南ドイツなど、中部ヨーロッパでも似た感じですね。それが、ＰＰＰのもとになったという感じがします。一方、日本では、お上を頼みにしながら、お上のことをあまりよくは言わ

ないという風潮があって、それだと、住民として受益は望むけど、自分では責任は取らないというスタンスになりがちですよね。でも、時代や社会が変わっていく中で、責任を取らないままでいいんですか？　という疑問が私の中にはずっとありました。「市民は町をいい町にしていくための責任を負っているんじゃないか？」ということをもっと考えましょうというのが、私たちの提案なんです。まずは、マンションや住宅など不動産を持った人は、町に対して責任があるという仮説を持ってみてはどうでしょうか。不動産を所有した瞬間から、人はその土地を離れにくくなりますよね。

坪田　確かに、長く住みますよね。

清水　これからの社会を作っていく上では、責任ある市民という概念が、重要になってくると思うんです。最近クレーマー市民が増えちゃってるそうなんですけど。「池にロープを張ってないから、子どもが落ちる」とか、「それって自分の責任でしょう？」ってことまで問題にされてしまう。それから、昨今、騒音の問題が多いですよね。保育園を隣に作られて子どもの声がうるさいとかいうクレームが増えている。

大﨑　うるさい町にしたくないって気持ちはわからなくはないし、それぞれの事情があるんでしょうけど。僕は以前、岡山で保育園と老人ホームを併設した施設を作ろうとしたことがあるんです。お年寄りは、朝起きたら子どもたちの声が聞こえて元気が出るやろうし、子どもたちはおじいちゃんおばあちゃんに、竹トンボの作り方やメンコのやり方習ったりできるし。「ジイちゃん、クサイ！」って言われないだろうし。ええと思ってたんけど、力足らずで実現できなくて。だから、保育園の子どもの声がうるさいって問題になるのは、僕はちょっとショックでしたね。

清水　音の問題は感情的になる方がいらっしゃって、市役所に電話をかけまくったりする。ごく少数のクレーマーなんですけど、その声を役所の職員は聞いてしまうんですね。実際は、サイレントマジョリティの、しっかり公共の利益を考える市民のほうが多数派のはずなのに。どうしても、役所は苦情対応に追われてしまう。それは順番が違うでしょ？　という思いがベースにあって、クレーマー市民の対極として、私は「事業者市民」がこれから必要だと考えているわけです。

大﨑　事業者市民って、なんですか？

清水　事業を経営しながら、その町のためになるように公共的な目的性を叶《かな》えていく。利益を上げ、また町に再投資する市民のことです。「事業者市民」あるいは、「家守会社」という名前でも呼んでいます。私たちは全国でリノベーションスクールを行っているんですが、クレームをとやかく言うのではなく事業者市民になろうよ、という呼びかけを、そこで行っています。地方出身で東京や大阪で働いている20代後半から30代、40代の前半ぐらいの人たちの中に、地元を愛していて本当は地元に帰りたいという人がすごく増えているんですね。東京や大阪で働いた経験を生かして、その知恵を持って地元に帰って事業を起こし、新しい町を盛り上げていく人たちをもっと作っていこうということで、全国で開催しているのが、リノベーションスクールなんです。

大﨑　そのスクールは何年くらいやっておられるんですか？

清水　実際に始まったのが２０１１年ですから、ちょうど10年ですね。３～４日間の集中講座で、たいてい半徹夜でみんなでディスカッションしながらやっています。実際に、地方で空いている物件を不動産オーナーに出してもらって、それを題材にして、リノベーションの事業提案を考えて、スクールの最終日に不動産オーナーを前にしてプレゼンテーションする。大学の授業と違うのは、うまくいけばリアルにお金が動いて、実現できるということです。提案した事業案を不動産オーナーが「いいね」と言ったら、今度は「家守会社」という、小さな事業者市民の会社を作り、不動産オーナーと話をしながらさらにいい事業案に改善して実現させていくというやり方です。

坪田　お話を聞いていて思ったんですけど、最近、除夜の鐘がうるさいとクレームを言う人が現れてきて、大晦日《おおみそか》に鐘をつくことができなくなったというニュースもありましたね。あるいは、新幹線で放火した人がひとりいると、厳密な荷物チェックをせよということになってしまう。ひとりの迷惑な人のせいで、社会資源が無駄に使われてしまうことがあるわけですが、そうした問題が起きた時に、誰かにどうにかしてよとクレームを言うのではなく、事業者市民という概念で、みんなで対応して行こうよという発想は、すごく前向きですよね。

清水　そうなんです。その極みがＰＰＰエージェントという役割です。これは民間の中で、パブリックマインドを持って、事業の企画力や経営力のある者が、行政や自治体に代わって、担当するということです。残念ながら、自治体というのはお金を産む力がありません。だから、お金を産むためにも、ＰＰＰエージェントが必要なんです。

大﨑　お金を動かすわけやから、自治体から「エージェントを任せてもいいよ」と言ってもらえるような、実績や信頼がないとダメですよね。

清水　おっしゃるとおりです。自治体や、その社会の中で認められている人でないと、議会でも追及されますので、「この人なら任せられる」という人が選ばれないとダメです。

岩手県の紫波町《しわちょう》という人口3万3千人の過疎の町で行った「オガールプロジェクト」というのがあります。「オガール」というのは現地の言葉で成長するという意味の、「おがる」「おが－る」からとった言葉なんですが……。

大﨑　すいません。その話は面白いので、ちゃんと聞きたいんですが、その前に、ちょっと気になってることお願いしたいんですけど。

清水　どうぞ、おっしゃってください。

大﨑　僕をはじめ、吉本の社員はアホが多いので。いま、清水さんが話されていることを、吉本アカデミーみたいな形で、〝サポーティッド　by　KBS京都〟さんで、全社員、全芸人さん、あるいは地方の興味ある人に向けて、動画配信をしたいんですけど。ちゃんと契約もしますんで、お願いできませんか。

清水　ぜひやらせていただきたいと思います。

坪田　清水さんへのお願いといっしょに、しれっと、〝サポーティッド　by　KBS京都〟っておっしゃいましたね（笑）。

大﨑　PPPのことを語る清水さんのコース、ダメな人間にも可能性があるという坪田塾長のコース、あるいは、資金調達を学ぶコースもほしいな。僕なんかアホなんで、直接金融と間接金融があることを、40歳過ぎてから初めて知って。そんなことも、勉強できる吉本アカデミーみたいなのが作れたらなぁって思うんでね。

清水　ラジオで業務連絡をするんですね（笑）。

大﨑　そういう学びの配信があれば、社員にも、ええ刺激になると思うし。他の人にも聞いていただけたら、吉本がこんなことやろうとしてるんやってこともわかる。できたら、「地方創生に関わってもらえませんか？」っていうきっかけになればなぁと思ってます。関係人口ってあるでしょ？　その地域に住んでないけど、関わりを持ってるっていう。例えば、大﨑洋66歳は、東京に住んで吉本の仕事をやっているけれど、毎月１回は東北のどこかの村に行って何かのお手伝いしています、みたいなこと。移住するまではできなくても、そのぐらいならやってみたいという人もいるでしょう。だから、このラジオや、これからやっていきたい吉本アカデミーで、そういう提案もしていきたい。聞いてる人たちの中から、「参加したい」っていう人が出てきたら、また広がっていくし、番組から事業に発展して、それで儲かった分を再投資して、番組も大きくなって……と、勝手な夢が広がっています。

小さいことでも自分で動いて仕組みを変える

清水　次に、ＰＰＰエージェントは何をやるかということですが、自治体に代わって、自治体にやれないことを担当するということですね。簡単に言うと、公共事業を何かやろうとするときに、民間事業化を図るということです。行政マンには、適正な利益を持続的に上げる仕組みを作ることがなかなかできないんですね。自治体の職員というのは、税金や国のお金を清く正しく使いきるという教育しか受けていない。自治体職員がお金を稼ぐという教育は、これまでされてきてないんです。

坪田　確かにそうですね。

清水　３・11の大震災の時に、我々のチームは、ＰＰＰエージェントをやっている人も含め、三陸の津波の被害に遭った土地の復興を助けようとして、いろいろ動きました。その時に、岩手県の大槌町《おおつちちょう》という『ひょっこりひょうたん島』のモデルになったと言われる島がある町に行ったんですが。そこは、町役場の幹部職員の多くが津波で流されてしまうという大変な不幸に見舞われたところで、全国から、国の役人やら県の役人やら、いっぱい助けに行ったんですね。

大﨑　国の役人さんもみんな動かれたんですね。

清水　そうです。そのぐらい悲惨な被災地だったんです。亡くなった職員の代わりに、全国から集まった役人の人たちが働いていました。その人たちと、私たちのチームがワークショップをやったんですが、「どういう風に復興していく?」という質問に対して、「防波堤を作りましょう」「津波で流されたところをもう一度区画整理して、宅地を造成しましょう」みたいな、物理的な復興のことは、みんな一生懸命提案してくれるんです。だけど、新しい建物ができても、町は復興しますか？　残酷な言い方をすると、被災する前から若い人がどんどん出て行っていて人口も産業も下り坂の状態で、津波がなくても放っておけば、限界集落がいっぱいできていたような町なんです。

根本的な原因は、その町にいてもやりがいのある仕事がない、お金が稼げないから、若い人たちが出ていくということですよね。産業と質の高い雇用を増やさなければ、いくら建物があっても、解決はない。私たちは、「根本的な課題解決をしないかぎりは、真の復興はできませんよ」と、まずシビアなことを言わざるをえなかったんですね。

大崎　地方の大学や商業高校や工業高校や高専を出ても、地元に仕事がないので大都市に出ていくしかないというのは、すごくもったいないですよね。優秀な人もすごくいっぱいいるのに、地元で働くことができない。それから、地方の人たちって、中央省庁とのパイプがあまりないんですよね。それは仕組みが悪いからかどうか、わからないんですけど。例えば、経産省の知財課、エンターテインメント担当の若いお役人が、月に一度、自分の故郷でもいいから、地方に行って、そこでのプロジェクトに参加したり、意見を交換したりして、それを本省に持って帰って、地方のために動くってことを、なんでやれないのかなぁと思うんですよね。お金が動いたらダメなんだったら、NPO法人を作って、そこでお金のことは管理して、中央省庁のお役人さんと、地元のお役所とノウハウの交換とかできたらいいのに。これって誰に言うたら、ええんやろ？　安倍首相？（笑）

清水　言うことも大事なんですけど、それより先に、小さくてもいいから、自分たちで何かを動かしましょうということを、私たちはよく言います。小さくても実例を作って、そこから動いたほうがいいんじゃないか、ということですね。

大﨑　大人の考え方ですね（笑）。

清水　それが力になるし、楽しくやるにはそのほうがいいという感じですね。大槌町では、国や県から来た役人も、大槌町の職員も、誰もお金を稼ぐということをやったことがなく、そもそもそんな教育を受けたことがない、と正直に言われてしまって……。弱ったなあというところからスタートしたんです。まずは、どう稼いでいくか考えてみようという課題を出すことから始まったという状態でした。

岩手県紫波町「オガールプロジェクト」の成功

大﨑　では、岩手県紫波町のオガールプロジェクトの話をうかがいたいんですが。このプロジェクトでは、図書館が中心になったんですね。

清水　はい。図書館ほど大切な公共施設はありません。まず紫波町の課題としてあったのは、岩手県の住宅供給公社が区画整理事業を行った時に出た残地の10・7ヘクタールを紫波町が28億5千万円という高い値段で買ってしまったことです。それまでは冬期に雪捨て場にしか利用されてないような、使いようのない土地でした。別の場所にあった従来の町役場が地震でひびが入って使えなくなったため、そこに移転するという目的があったことと、図書館がない町だったので図書館を新設しようとして、その土地を買ったんです。ところが、町の財政が逼迫《ひっぱく》して、建物を建てることができなくなってしまい、10年ぐらい放ったらかしになっていたわけです。

大﨑　地方には、財政破綻して先に進めないって話はいっぱいありますよね。

清水　紫波町のケースでは、岡崎正信くんという日本のPPPエージェント第1号に、当時の町長さんから声がかかったんです。岡崎くんは、東洋大学社会人大学院に日本で初めてできたPPP講座に入って来た1期生で、私の一番弟子のような存在。もともと紫波町の出身で、お父さんが亡くなってしまったために地元に戻り、それから東洋大学にPPPの勉強をしに通ってきて、盛岡で仲間3人と家守会社を作ったんです。シェアオフィスみたいなのから始めて、盛岡市内で空きフロアだらけのビルを半年でいっぱいにして再生させた実績を作っていました。その彼に、紫波町の町長さんが、「10・7ヘクタールの町有地を、町の代わりにおまえが何とかしてくれ」って頼んでくれたんです。

大崎　才能を見つけて、頼める町長さんって凄いですね。

清水　町議会にかけたら、「もっと全国には能力がある人がいるじゃないか」という、反対意見も出たらしいんですが、その町長が「岡崎正信を上回る人物がいるんだったら、連れてこい」と切り返したんです。

大崎　かっこええ町長さんですね。

清水　「連れてこれないんだったら、岡崎くんを採用する」といって、PPPエージェントの役割を、岡崎くんに全権委任した。それが、オガールプロジェクトの始まりなんです。

大崎　要するに、プロポーザルで提案者を評価して決めろってことですよね。

清水　そのとおりです。

大﨑　今朝、食パンにマーマレード塗りながら、付け焼刃で勉強しただけやけど。一般競争入札（最も安価な価格で請け負う会社を選定する）と、プロポーザル（最も優れた会社を選定する）、コンペ（最も優れた企画案を選定する）って違うんですよね。

清水　そうなんです。日本の社会は不思議なんですけど、この人しかいないという時は、入札競争なしに、随意契約ができるんです。

大﨑　それを、「随意契約は怪しい」ということで、反対されてしまうんですよね。

清水　ダメと言われてしまう場合が多いですね。でも、私自身は、歌舞伎町再生プロジェクトを含めて、随意契約以外では一切やったことがありません。

本好きでなくても通える図書館が町の中心になった

清水　オガールプロジェクトで、まず決まったのは図書館の建設でした。それまで紫波町には図書館がなかったので、「どうしてもほしい」という町民たっての願いがあったからです。

坪田　図書館から決まったというのは、面白いですね。

清水　どういう図書館を作ろうかとなった時に、参考にしたのは、在米ジャーナリストの菅谷明子さんが書かれた『未来をつくる図書館』（岩波新書）という本で取り上げられた、ニューヨークの公共図書館でした。図書館というのは、普通は本好きの人が行く場所というイメージですが、それだけではいけないんですね。誰もが必要だと思う場所、例えばビジネスの情報を集めたい人も、健康状態がよくないので調べたい人も、図書館に行けば、必要な情報が得られるような、そういう場所であったほうが、多くの人のためになる。実は、PPPエージェントの岡崎くんは、過去に図書館の貸し出しカードを作ったことがないというほど、本をまったく読まない人なんです（笑）。紫波町の町長は、「岡崎くんは僕と同じように図書館で本を借りない人だから、このプロジェクトを任せた」と言っていました。そのあたりも、面白いですよね。

大﨑　凄い町長さんですね。

清水　この町長は、第2次大戦後、東北から首都圏に向けてリンゴを輸送する仕事を始めて、帰りのカラになった車で、首都圏から東北に荷物を運ぶビジネスも立ち上げて、大きな運送会社に発展させたという実業家なんです。それが、地元の人たちに乞われて町会議員になり、議長になり、町長になった。

坪田　では、稼ぐ力を持つ町長ということですね。

清水　経営センスが抜群で、この方が当時町長だったことが、オガールプロジェクトが成功したいちばんの大もとではないかと思います。

大﨑　その町長さんと清水さんはどういうきっかけで出会われたんですか？

清水　それは、先に町長から頼まれた岡崎くんが、自分だけでは頼りないと思ったのか、私に「プロデューサーの役割をしてくれないか」と声をかけてきたのがきっかけです。PPPをやる時には、私のようにシルバーグレーの髪をした人間がいると、なんとなく信用されやすいんです（笑）。

大﨑　僕もシルバーグレーやけど、信用されへんやろうなぁ（笑）。

清水　いや、大﨑さんも大丈夫ですよ。人生経験を積んだ人がいいらしいですから。というわけで、私に指名がきて、岡崎くんたちと一緒にやり始めたんです。いちばん最初に図書館を作ることに決まって、この建設費については紫波町が調達するけど、建物を維持する資金がないということでした。それで、3千平米ぐらいの残りの土地を使って民間の施設を作り、借地料を稼ごうということになりました。

大﨑　民間がリスクを取るということですね。

清水　はい。借地料のほかに、建物部分の固定資産税や共益費の一部も町に払ってもらうということで、図書館の建物の維持管理費はゼロですみます。ただし、お金が入ればいいわけではなくて、図書館とマッチングするものでないといけない。何がいいかと考えた中で、いちばん住民のニーズが高かったのが病院でした。

大﨑　子どもからお年寄りまで必要やもんね。

清水　特に町になかった診療科のあるクリニックを、積極的に入れました。

ビジョンに共鳴する民間の人を集める

大﨑　でも、お医者さんを探して、紫波町に来てもらうのって、大変でしょう？

清水　そこで大事になってくるのが、ビジョンなんです。オガールプロジェクトが何を目指すかというビジョンを描いて、そこに共鳴する民間の人を集めないといけない。ビジョンが決まった瞬間に40数社を集めて説明し、建物に入るテナントを先に決めたんです。

大﨑　ビジョンは何を掲げられたんですか？

清水　ビジョンというのは、オガールを作る目的です。何のために、何をするか。それは、私たちエージェントが書いてはダメだと思うんです。ネタは提供するし、ディスカッションは一緒にたくさんするんですけど、最後は紫波町役場の職員が書かないとダメだと言って、町役場の若手の職員に書いてもらいました。その職員は、東洋大学大学院のPPPの講座に学びにも来たんですが、レポートが苦手でね。それが、「紫波町公民連携基本計画」のはじめの部分を、映画の場面のように書いてくれたんです。朝、大通りを行きかう人々の姿や地元のカフェやレストランの活気ある様子を「未来のある一日」として書いて、オガールの町をイメージ化していったんです。

大﨑　イメージ化して、ストーリーで語るということですね。

清水　自分の言葉で、ビジョナリーに語るのがいいんですよね。その基本計画は紫波町役場のインターネットサイトに掲載されていて、誰でも見られるようになっています。そうやってビジョンをわかりやすくアナウンスすると、民間の投資が起こりやすくなるんです。新宿の歌舞伎町再生でも同じようなやり方をしたんですが、ビジョンを掲げながら、民間の投資を引っ張ってくるというのは、PPPエージェントの重要な役割のひとつです。

坪田　イメージや映像がきちんと共有できるというのは大切なことですね。

清水　後は具現化していけばいいですからね。それで、図書館にマッチするテナントを考えて、まずは病院があがりました。図書館に来るついでに、歯医者さんや眼科に寄る行動は自然な流れでできますからね。他はどんなものが入ったかというと、地産地消居酒屋です。教育委員会は反対しそうですけど（笑）。それが、図書館の真下に入りました。大にぎわいしています。それから他に、予定になかったところが、テナントに入りたいと応募してきました。何でしょうか？ はい、坪田先生。

坪田 僕に聞くということは、塾ですか？

清水 そうです。学習塾です。図書館とのマッチングはいいですよね。こうして、テナントとして、しっかり賃料を支払ってくれるところが入りました。それから、図書館は、ビジネス支援をする場にしようという意図をもって運営しました。紫波町を支えているのは農業なんですが、農業の後継者がいないという、どの町も抱えている問題がありました。だから、農業や食品の加工、流通などの、農業ビジネスを支援できるようなコーナーを図書館に作ったんです。そんなに大したものではなくて、農業のデータベース最新版を図書館が購入して閲覧できるようにしてるだけなんですが、これがかなりの頻度で利用されています。新しく農業をやりたい人や、新たに移住してくる人が、けっこう利用してくれています。

大崎 「都会のＩＴ企業辞めて、移住してきました。農業をやりたいと思います」という人がいたって、どうやって土地を耕したり、村の空気にとけこんだらええかとか、まず誰に聞いたらええかわからへんもんね。

清水　情報が必要でしょ。それから大崎さんがおっしゃるように、人とのつながりもすごく重要になります。図書館がその媒介役、コンシェルジュをやるわけです。

大崎　本や資料を読むだけじゃない、人とのつながりができるんやね。

待機児童が出るほど人口が回復し、保育所も開設

清水　さらに、いちばん大きなテナントとして、紫波マルシェという産地直送市場が入りました。農林水産省から補助金をもらった産直って、農産物ができるシーズン以外は商品がなくなるんですよね。すると、シーズンオフに行ったら、買うものがない。年中商品があるデパ地下型の産直にならなきゃダメだと、農水省の補助金なしで自前でやろうと呼び掛けて、農家の人たちの協力を得て、オープンしました。この紫波マルシェの1年目の売上が3億5千万円。いまは6億5千万円ぐらいに伸びてるんですよ。

大崎　そんなに売上があるんですか。

清水　売り場や駐車場が足りなくなったぐらい、盛況です。これがまた、図書館と連携す

るんです。例えば、産直にキャベツが運び込まれると、図書館職員が「キャベツ100レシピ」を蔵書のなかからピックアップして、キャベツが並べられた横に貼りつけていき、本はレジ横に置いておく。

坪田　めちゃくちゃ面白いですね。

清水　あらゆる場面で図書館は機能するんです。それから、情報交流館なるものを、ワンセットで作ったんですが、その中でいちばんウケたのは、音楽スタジオ。スタジオを2つ作って、楽器も多少は入れて、安価で貸し出しています。

大﨑　バンドの練習スタジオですね。

清水　この登録者が、いま8百バンドもあります。

坪田　凄い。人口は3万3千人ですよね。

清水　そうです。図書館は周辺の市町村からも受け入れています。

大﨑　若い子たちが、バンドの練習で集まってくるのは、ええね。

清水　若い人もですが、平日の午前中利用は、ほとんどオヤジバンドです。それもあわせると、スタジオの回転率はすごく高い。

坪田　1バンドに4人いるとしたら、8百バンドで、3千2百人。人口の10%がバンドをやっているということになりますね。

清水　さらに、図書館と音楽スタジオがくっついてるといいことがあります。さて、何でしょう？

大﨑　譜面でしょう？　僕、清水さんの本読んだから、知ってんねん。

清水　楽譜は買うと高いですからね。バンドの傾向に応じて、演奏したそうな楽譜が、図書館に並べてあります。こんな便利な話はない。

大﨑　うちの音楽責任者に言うたら、垂涎《すいぜん》の的のビジネスやろうけど（笑）。

清水　それから、図書館と情報交流館は公共施設なんですが、ロビー空間では、フルタイム、なんでもできるようになってます。占いをやっていたり、土日はマルシェで使ったり、デビューコンサートが開催されたりします。

大﨑　いいですね。音楽って、広がりあるしね。

清水　人とのつながりもできますしね。ぜひ、皆さん一度オガールにきて、まずは図書館に入ってみてください。この紫波町図書館は、素晴らしい活動をしたということで、2016年に日本のライブラリー・オブ・ザ・イヤー優秀賞を受賞しました。ちっちゃな図書館で、蔵書数はさほどではないですが、利用者はめちゃくちゃ多い。この図書館を中心としたオガール広場ができた結果、「紫波町っていいところだな」という認識が広がっていきました。特に、紫波マルシェは、周囲にこんなにおいしい食材が安価で手に入る場所はないということで、好評を得ていますし。この場所を中心に、けっこうな勢いでコンパクトシティができつつあるんです。紫波町は、東西に30何キロある広い町で、北上川が流れる平野部が中央部にあるんですが。この中央部は、人口がほぼ回復し、高齢化に歯止めがかかりました。かつては過疎化が進んでいた町で、昨年4月の待機児童が、62名発生。次は保育所をやってくれる民間事業者を募集し、東京都の事業者が新しい保育所を開設しました。さて、保育所の隣のテナントには、何が入ったでしょうか？

大﨑　歯医者さんですか？

清水　ちょっとだけ惜しい。小児科、内科の医院です。大繁盛しています。

坪田　なるほど、保育所の隣にほしいですもんね。

清水　そこで、病児保育までやります。お母さんたちは安心して共働きができます。

大﨑　そういう吸引力を作ろうという理念の立て方とか、インセンティブの持ち方とか、根本のところをどうしようかということを、住民の方と役所の方と、ブレインストーミングや意見交換を何度か重ねて作っていきはるんですよね？

清水　そのとおりです。

大﨑　吉本のスタッフ、いまの聞いたか。頼むで（笑）。

清水　オガール広場には、バレーボール専用体育館が入りました。ただ、体育館だけだと赤字になるので、宿泊特化型ホテルも併設しました。

大﨑　それも繁盛しすぎて、増室を検討しているんですよね。

坪田　いまお話を聞いていて、そもそも土地が28億円ぐらいでしたっけ？　それだけ高い値段で買って、マルシェの年間売上が6億いくらということだから……。

清水　6億5千万円というのは紫波マルシェだけの売上ですから、他の売上を足せば、そんな桁じゃないですよ。

坪田　そうなんですか。では、テナント料金が例えば売上の15%ぐらいと考えたら、10年ぐらいで紫波町は、土地を買った28億円のお金を回収できるということなんですね。

清水　そうです。しかも、オガールとその周辺の地価が、8年連続上昇しました。

大﨑　そうや、そういう効果もあるわ。

清水　岩手の田舎なのにね。

坪田　凄いですね。まさに3万人クラスの都市が、ちょっとした投資で回収できるビジネスモデルを作れるということですもんね。

清水　そのとおりです。この、お金が地元に回るということが非常に大きいんです。

大崎　僕が、沖縄で関わった……、すいませんね。話の腰をまた折って。

清水　どうぞ。

大崎　そういう人たちとも、清水さんの仕事を参考にできたらなぁと思ってます。沖縄の人って、「今日は仕事の話はなしで、まず飲みましょう」ってなるんやね。僕は酒を飲まれへんっていうてるのに(笑)。そうやって、温かく迎えてくれました。「廃校をなんかにしたいらしい」ぐらいしか、まだ話は進んでないねんけど。外で煙草吸うてた時に、料理作ってた若い人としゃべったのも、楽しかったなぁ。海産物をとる仕事をするために、ほぼ毎日、海に潜ってるんやって。「それだけ潜ったら体が大変でしょう」って聞いたら、「命かけて潜ってます」て、ぼそぼそっと言う。「また宮古島に来ることあるんで仲良くしましょうね」って約束しました。どんな土地にも、いろんな人がいて、それぞれに一生懸命生きていてるんやね。僕なんかザ・芸能界にいて、テレビに出てるような有名な人の世界で42年やってきたけど、清水さんがしてくださったオガールの話からも、宮古での出会いからも、地元の兄ちゃん、おばちゃん、おっちゃん、いろんな場所で、立派に生きてる地元の人がいっぱい居てはるんやなぁって、あらためて実感してます。

清水　本当にそうですね。

エコハウス建築で地元の林業と工務店にお金を回す

清水　オガールはある面で実験をしているようなところもあるんです。10・7ヘクタールもあったので、いろんな施設ができてもまだ土地が余ります。プロジェクトの最後に、そうした土地をオガールタウンという分譲住宅地にする計画を立てていたのですが、ただ、分譲して売って終わりにはしたくなかった。多くの自治体は、再開発地区の周りの土地を分割して複数のハウスメーカーさんに売り、お金が入って一件落着となってしまいがちなんですが、それをやってはダメなんです。紫波町でも、余った土地をいわゆる大手ハウスメーカーさんに売るという話が進んでいた。町議会にその議案があがっている真っ最中に、私はその話を知って、「待った」をかけたんです。私がオガール・デザイン会議という場で長期的かつ客観的に意見を言うという役割を担っているからできたことなんですが、「ここは口を挟まなきゃいけない」と瞬間的に思って意見しました。ところが、公民連携室の室長以下、「清水さん、手遅れです。いま、議会に議案がかかってる最中です」と騒然となって。

大崎　もう発注してしまってたんですか。

清水　議会にかかって、最後の承認をされる直前でした。それを取り消してもらおうと思って、町長さんに連絡しようとしたら、「町長は議会に出てる最中だから、今日はダメです」と言われてしまった。「じゃあ、東京に帰るから、そのあと来てください」と言うと、町長さんが飛んで来てくれました。それで、なぜ大手ハウスメーカーに売ってはダメなのかという話をしたんです。

坪田　どういう話ですか？　すごく興味あります。

清水　日本の田舎の多くの町がそうなんですが、紫波町も森林資源が多いんですよ。でも、町の林業が衰退していて、せっかくの森林が荒れ放題の状態なんです。そこで、オガールで建てる家に地元の木を建材として使えば、町の林業も維持できますよね。多くの大手ハウスメーカーは、安いという理由で輸入材を使ってしまう。それでは、地元の産業にお金が回らない。地元で伐採した木を使ってエコハウスを作れば、お金は地元の林業に回るし、半分を木材にして建築に使い、半分の端材をバイオマス原料に使うこともできるんです。オガールの中で、エネルギープラントを作れば、熱供給ができますからね。発電するほどの木材は取れないですが、熱供給ぐらいはできる。そういう技術を地場の工務店が習得してエコハウスを作れば、超健康住宅が建ち並ぶ町ができて、地元の産業が活気づくでしょう。そういう提案をしました。

大﨑　宮古島でも土地バブルが凄いらしいんですが、中国や台湾の海外資本が土地を買ってホテルを建てたり施設を作ったりするので、地元の住民にはお金も落ちないし、地元の住民と外国資本の施設の間に壁ができてしまって、よくないんですって。

清水　そうなんですよ。外部のちゃんとした資本が入ってくることを、別に否定はしないんですが、その前に地元でお金が回る仕組みを作るほうが先でしょう。みんなできないと思い込んでいるんですが、やり方を教えれば、できるんです。それで、エコハウスの建築では日本で一番と言われる建築デザイナー集団「みかんぐみ」の共同代表の一人、竹内昌義さんという建築家に、ヨーロッパで大産業となっている、森林資源を活用するエコハウスの家づくりなどを指導してもらいました。紫波町の18社の工務店を組織した協同組合を作って、ノウハウを2年がかりぐらいで学び、モデルハウスを実際に作ってもらうことまでやりました。住宅を購入したいというお客さんが来たら、モデルハウスを見てもらい、町役場が仲介役となって、「どの工務店を選びますか？」と聞いて、仕事を割り振るというやり方です。

大崎　土地の風景に合ったランドスケープ・デザインというものが、これからの日本にとっても大事ということだと思いますが、日本にもそういう優秀な若い建築家やデザイナーがいらっしゃるんですか？

清水　ものすごくたくさんいますよ。だから、地方のプロジェクトをやる時に、クリエイティブチームをどうやって組成するかというところから入っていかないと、競争力のあるものにはできません。それはどんな産業でも確かなことですが、そういう組成するという思考が地方には足りないというのが、大変残念なところです。

坪田　才能がある人がいても、適材適所でプロデュースしなかったら、機能しないということですよね。

清水　逆に言えば、ちゃんとしたクリエイティブチームをきちんとキャスティングすればいいだけだ、とも言えます。

大崎　それはプロデューサーの役目だということですね。

清水　はい、いちばん大事な役目です。

大崎　ＰＰＰエージェントのプロデューサーが、ランドスケープの建築から、環境や、販売や、専門の人をどう揃えるかということですね。

清水　そのとおりです。

坪田　芸人さんのプロデュースも同じじゃないですか。ビジョンを持って、こうして売り出したほうがいいよ、と考えますよね。

大﨑　同じ、同じ。と言ったら、清水さんに失礼かもしれへんけど。例えば、『M－1グランプリ』の決勝に残ったコンビでも、漫才のネタをさせたら凄いけど、フリートークがでけへんという場合がある。そんな時、僕らマネージャーは、彼らをラジオに出させて、フリートークの練習をさせようと考える。ラジオをやるのも、放送局はどこで、時間帯はいつで、ディレクターさんや作家さんは誰でってことを、考えるんです。

清水　まったく同じだと思います。オガールタウンの住宅地では、そうやって、地場の工務店に仕事が回ることになって、廃業しかかっていたお店も復活したんです。

大﨑　仕事がうまくいったら、元気になるよね。

清水　トップランナーの2社では、ともに若い女性が大活躍してるんですよ。ドイツで開発されたツールをもとにした「建もの燃費ナビ」というシミュレーションソフトがあるんですが、それに建材や断熱層の素材や厚みを入力すると、その家からエネルギーのロスが年間どのぐらい出るかがわかる。そのソフトを使いこなしてデザインできる、若い女性ふたりがいる2社が、いま大人気で、受注が1年から1年半先まで埋まってるぐらいなんです。

大崎　女性活躍というところがまたいいですね。男が気づかないとこっていっぱいあるやろうから、女性目線でデザインすると、これまでとは違ったものができますよね。

清水　そうやってうまく回り始めると、地元の産業のためにもなりますからね。家1軒の建設費数千万円が、大手ハウスメーカーさんを悪く言うわけじゃないけど、町以外の会社に流れるか、地元の工務店に流れるかで、大きく変わってくるでしょ。それに、建物の建材は9割以上、町で採れた木を使っているから、森林も保たれるようになる。熱供給プラントもいちばん小型の物を入れてるんですが、これも評判良く、ちゃんと動いています。

大崎　そういう思考で建物を作ると、結果、森林資源も守れるし、CO_2排出量もかなり削減される、一石二鳥にも、三鳥にもなるってことですね。

清水　はい。紫波町は寒いところなので、冬場は灯油を中東から輸入して、暖房に使ってるんですけど、それまで1世帯あたり年間6百リットルぐらい灯油を使ってたのが、半分から3分の1まで減らすことができたんです。

大崎　地元の木材を使って熱供給したおかげで、そんなに節約できたんや。

清水　日本全体で言えば、我々のお財布から、年間20数兆円が石油化学燃料代に消えてますからね。中東のドバイが繁栄するわけです。建築家の竹内さんは「森林は近所の油田」と呼んでいるんですが、地方の多くは森林資源を持っているわけで、それを使えば石油化学燃料に何割かは取って代われるようになるんです。林業も成立するし、エネルギーも供給できる。豊かさが地域をぐるぐる回って、しかも温かく暮らせるんです。

大崎　紫波町の変わりようを、子どもたち、例えば中学生たちはどんな風に思ってるんでしょうね。聞いてみたいな。

清水　中学生たちは、すごく明るくなったんじゃないでしょうか。私が見て面白かったのは、最初のうちは、「オガールプロジェクトなんてやってもしょうがない」と文句を言ってたジジィたちが、一番変わったことです。

大崎　そういう人たちとつきあうのが、本当大変なんですよ。

清水　ところが、この人たちがニコニコするようになりまして。

坪田　結果が出ると、手のひらを返すパターンですね。

清水　私たちがオガール広場あたりで飲んだくれてますと、「いやぁ、清水さん、早くやって良かったね」って言いながら、寄ってきてくれるようになりました。

大崎　今日は、ええ話を聞かせていただき、ありがとうございました。僕は直接こうやって面と向かってお話を聞けたので、難しい部分もなんとなく理解しつつあるんですけど、オガールプロジェクトや『公民連携の教科書』の漫画本を作って、わかりやすくするっていうのはどうでしょうか？　『宇宙兄弟』（小山宙哉作、講談社）などの漫画の編集を担当した佐渡島庸平くんと一緒に会社をやってるクリエーターのしんどうこうすけくんが知り合いなんで、声かけてるんです。

清水　いいですね。

大崎　ムハマド・ユヌスさんのグラミン銀行の本も漫画になってるんですよ。スマホで読める漫画にしたら、若い子も見てくれるやろうし。これも、〝サポーティッド　ｂｙ　ＢＳ京都〟さんでどうでしょう（笑）。

坪田　また、しれっとサポート頼みましたね（笑）。

第5部　コロナ後に吉本が向かう未来

——2020年5月27日　吉本興業東京本部にて

大﨑　新型コロナの感染予防のために自粛要請が出てから、みんな生活や仕事の仕方が変わったよね。吉本の社員は、月水金は時間制限で出社、それ以外は自宅にいるようにと、岡本社長が取り決めしたんで。僕も守って、週3回会社に行く以外は、ずっと家にいました。でも、これまで40年以上、土日も休まず365日毎日働いてきたような状態なんで、何をやったらええか最初は戸惑いがあったわ。洗濯機1日3回も4回も回して、三度のご飯を作って食べてたら、一日終わる、みたいな生活。まぁ、僕は20歳ぐらいの時にひきこもりになって、ひとりでちまちま暗～く飯食うのが好きやから、苦にはならんかったけど。「こんなことしててええんか？」と思いながら、スローライフを経験してみて、これはこれでいろいろ発見はあった。

坪田　自宅で過ごされた時に、運動して筋肉質になったっておっしゃってましたよね？

大﨑　1カ月ぐらいの自宅生活で、1日1時間ぐらい歩いて、腕立て伏せして、というのを毎日やってたら、だんだん速く歩けるようになったし、腕立ての回数も増えた。

坪田　ちゃんと継続できるのが凄いですよね。66歳が、自宅にひきこもったのをきっかけに筋肉質になるって、意味わからないですよ（笑）。

大﨑　会社としては、3月2日から12ある吉本の劇場公演をすべて中止して、しばらくは無観客でネット配信をしてたけど、緊急事態宣言が出てからは、それも中止となった。でも、出演予定やった芸人さんのギャラは半分払うことにした。そういうすべてのことを、社長の岡本っちゃんが決めて、進めてくれました。僕は報告を聞いて「ギャラを払うのはええことやな。賢い！」と言うてただけ。会社としては大きな赤字が出るんで、銀行から融資枠の設定も受けたけど、こういうことは、早《は》よ決断して、早よ動いたほうがいいからね。4月21日からは、芸人さんが自宅からユーチューブなどで配信する「#吉本自宅劇場」というのを若い社員の発案で始めたみたいで、新しいやり方も考えて動いてくれてます。これから状況が変わったら、またいろいろ対応してくれると思う。毎年4月に行っている沖縄国際映画祭も、今年は縮小開催となったけど、なんとか継続できた。

坪田　僕はこの間、吉本のデジタル化を進める仕事でいろいろ動いてたんですけど、5月半ばに人間ドックを受けたら、肺に影が出て、PCR検査を受けることになってしまった。判定が出るまでに「この2週間で会った人をリスト化しておいてください」とお医者さんに言われたんで、慌てて大﨑さんに連絡したんですよね。

大﨑　直前に、ふたりで会って、仕事の話をしてたからね。

坪田　まぁ、検査結果は陰性で大丈夫だったんですけど。その時点では疑いがあったんで、もし、うつしていたら大変ですし、その後の仕事も延期してもらわないといけなかったので、「ご迷惑かけて申し訳ありません」とメールしたんです。そしたら、「了解なり」という文章と笑顔の絵文字が返ってきて、「坪田くんからコロナがうつったら、本望やわ」とまで書いてくださった。その時のメールの内容を言っちゃってもいいですか？

大﨑　うん、ええよ。

坪田　「軽い肺炎であることを、強く祈っときます」とか、「奥さんや子どもたちも気をつけてあげてね」とか心配してくださって。そのあと、「俺のマンション来たら？　俺たぶん抗体あると思うし」って続くんです。抗体あるって、根拠はあるんかいって話なんですけど（笑）。「ご飯は俺が作るよ」とまで言ってくださった。

大﨑　自粛生活で、家で韓国ドラマばっかり見て、冷麺やチゲ作って、ひとりで韓国ブームをやってたから。僕の作った韓国料理を食わせたろうと思ったんよ。

坪田　自分がもし大﨑さんの立場だったら、まずやっぱり自分のことが心配になると思うんですよ。「大丈夫？　気をつけてね」とは言えても、「僕の家に来たら？」とまではなかなか言えない。人たらし感が半端《はんぱ》ないというか（笑）、本当にそう思ってなかったら、出てこない言葉だと思うんですよね。

大﨑　うつってもどないかなるわっていうのもあったし、「内緒ですけど、トランプ大統領の飲んでる薬をいつでもゲットできますから」って言うてくれる人もいたんで、自分なりに大丈夫やないかと思ってたから。それにひとりで作って食べるのも飽きてたから、なんやったら、ちょっと来てほしいぐらいの気持ちやった。

坪田　大﨑さんは本質的に優しいんですよね。大阪・中津のトークショーで契約の話をしてくれた中多さんが、その後大変なトラブルに巻き込まれてしまい、困っていた中多さんを「うちに来たらええやん」って、さっと吉本に迎え入れたじゃないですか。

大﨑　中多くん、せっかく立ち上げた会社で、大変やったみたいやから、「自殺するんちゃうか」と心配になって、相談に乗ってたんやけど。いまはふっきって、吉本でバリバリ仕事してくれてます。彼はいろんな人脈を持ってるからね。中東のどこかの国の王子が、日本のアニメが好きで「中東での放送権が欲しい」と言うてきたって、うさんくさい話を持って来たんやけど（笑）。日本の古いアニメの放映権を、各方面と交渉して中東に売るビジネスを、ほんまにちゃんと動かしてるみたい。今度は、専用の机もあるし、勝手に頑張ってくれてるわ（笑）。

普通のご飯をおいしいと思う感覚

坪田　自粛の時は韓国料理とか自炊されたようですが、大﨑さんはこれまでは、ほぼ毎日のように外で会食されるような生活だったですよね？

大﨑　そう、会食ばっかり。でも、ホンマはイヤやってん。そんな御馳走をずらっと並べられてもなぁ。味噌汁とサンマ焼いたのとご飯と、あとはたくわん2切れでええのに。

坪田　会食する相手も凄い人でしょうから、質素にするわけにいかないでしょうしね。

大﨑　せやねん。しかも、だいたいはお酒を飲みながらの席やから。お造りが出て、煮物が出て、なんやかんや出て、最後に赤だしと一緒にちょっとご飯が出てくるだけ。僕はお酒飲まれへんから、最初からおかずと白いご飯を一緒に食べたいねんけど。しょうがないからウーロン茶を飲んで、「早よ帰りたいなぁ」と思いながら、仕事の話をするしかない。

坪田　だいたい業界の重鎮みたいな人って、シャンパンとかワインとかに詳しくて、「何年物を持ってきて」みたいな感じの人が多いでしょ。庶民的なのは親近感が湧くんですけど、大﨑さんもせっかくその位置にいらっしゃるなら、成功すれば美食やお酒にこだわることができるんだなぁって、憧れさせてほしいという気持ちもちょっとあるんですけどね。

大﨑　そう言うたって、僕はサラリーマンやからな。現場のマネージャーしてる時は、ちゃんと座ってご飯食べたことなかったんよ。タレントさんが本番の撮影してる最中に、そっと楽屋のすみっこで、弁当をガーッと立って食べるみたいな生活してたから。40代後半になって、やっと座ってご飯を食べられるようになって、「あぁ幸せ」と思ってたんやけど。社長になったら、毎晩のように、高級レストランや割烹《かっぽう》に連れて行かれるようになって。たしかに、そういう店は旨《うま》いよ。旨いけども。チキンラーメンと冷やご飯も旨いし。ご飯に卵と鰹節をぶっかけたんを、ガーッとかきこんで、のどつまったら冷たい水を飲んで、「ああ、旨い！」って、感じる。そんな、何を食うてもおいしいと思う心と体は失ったらあかん、と社長になってからすごく思ったなぁ。

坪田　それは日ごろからよくおっしゃってますね。

大﨑　社長になって自分に対して決めたことは、部下に対してジェラシーを抱かないようにしようというのと、何を食うても旨いと思える心と体になろうという、ふたつやった。

坪田　嫉妬をしないというのはリーダーとしてとても大事なことだと思うんですけど、実際はなかなかできないことですよね。

大﨑　昔の僕の上司やった人が、ジェラシーのキツい人やったからね。一緒に放送局に行って、プロデューサーとかから、「大崎さんに世話になってましてと」挨拶されると、笑いながらちょっとイヤな顔しはったり(笑)。そういうのイヤやったから、自分が社長になって約8百人の社員の先頭に立った時に、部下が自分より功績あげたり、他の人に大事にされたりしても、1%もジェラシーを抱かん人になりたいって思ったんよね。

坪田　それは心理学的にも、人を育てる時に重要なことなんですよ。例えば、親子でキャッチボールして、最初はお父さんのほうが上手《うま》かったのが、息子が成長して捕れないような速球を投げるようになった時に、「チッ」って悔しそうな顔をすることってあるでしょ。

大崎　「チッ」ってイヤな顔されるとガクッとなる。そういう経験、ある、ある。

坪田　悔しそうな顔は、相手に対して「成長するな」っていう禁止のメッセージになっちゃうんですよね。すると、子どもは伸びなくなってしまう。多くの親御さんや会社の上司が、子どもや部下を成長させられない理由って、そこなんです。「俺より成長するな」「俺より目立つな」っていう嫉妬が成長の禁止令となってしまっている。本当は育ってくれたほうが、親や上司にとっても将来的にとてもプラスになるんですけどね。

大崎　うちの長男はアホやねんけど、絵を描かせたらうまいのよ。それわかった時に僕は嬉しかったし。次男は、元サッカー部やった僕より、たくさんリフティングができて、その姿見た時にも嬉しかった。身近な人、自分の好きな人、大事にしてる人に、自分が越えられることとって、僕は昔から嬉しいって気持ちがあったけどなぁ。

坪田　根っからのプロデューサー気質ですね。

大﨑　岡本っちゃんをはじめ吉本の社員にも、みんなとっとと僕を乗り越えていってほしいというか。僕が理解できないところに行ってほしいなと昔から思ってた。だから、部下に対して嫉妬を抱かないということは、社長になってから強く誓ったし、実際に自分ではできてる、良かったなぁと思ってるんやけど。ただ、仕事を「任す」と言うたくせに、あやこうやと、つい口出ししてしまうという状況はずっとあって……。２０１９年、岡本っちゃんが社長になってからは全部任せると決めて、自分で院政を敷く気もなかった。ただ、就任直後の騒動でやいやい言われて、「俺、知らんわ」というわけにもいかんかったから、揺り戻しがあったというのもあって。ついつい「あれどうなった？」って気になったり、自分の思いついたプロジェクトが知らん間に進んでると、「俺、聞いてないで」みたいなことを言うてしまったことも、正直あったんよ。

でも、それがコロナの自粛生活でふっきれた感じがする。２つ上の姉と「そういえば、うちのおばあちゃんが『食べたいものは宵に食え、言いたいことは明日言え』って言うてたなぁ」って、話すような時間もあったしね。気になったことも、すぐ言ってしまうのはやめにして、黙って任せようと、あらためて思うようになった。仕事と離れる時間を持てたことで、会社と自分との距離や、自分の人生も整理できたというか、我に返ったというか。スコーンとつきものがおちたような気がするわ。

DX化を進め、もうひとつの「よしもと地球」を作る

大﨑　この数カ月でリモートワークやネット配信も増えて、デジタル化という意味でも、コロナの影響で大きく変わったよね。坪田さんには随分前から、いまあるリアルな吉本という地球があるとしたら、もうひとつデジタル化した新しい吉本、「吉本２・０」という星を作ってください、というお願いをしていました。いま、社内でも最大のプロジェクトとしてやってもらってます。

坪田　吉本のデジタル化はどんどん進みつつあります。チケットよしもとのサイトでＩＤ登録している会員も、２年前は１５０万人ぐらいだったのが、２０２０年４月の時点で６百万人ぐらいになってます。それから、ユーチューブで配信されるものも増えてます。

大﨑　キングコングの梶原（雄太）くんがやってるユーチューブの「カジサック」にも、

坪っちゃんがいろいろ関わってくれたんやんね。

坪田　デジタル化のスターが必要だなと探してた時に、ちょうど梶原さんがユーチューブをやりたがってるという話を聞いて、一緒にやることになったんです。それまで、テレビで売れてる人はユーチューブを下に見ていて、うまくいかなかったという分析をしまして。人気タレントであるプライドを捨てて、「1年半でチャンネル登録者数が百万人にならなかったら引退するぐらいの気持ちでやろう」と、2018年の秋に開始しました。

大﨑　梶原くんが頭に手ぬぐい巻いて、ジャージ着てなぁ。よう頑張ってくれたよね。

坪田　おかげで目標を突破し、いまでは登録者が2百万人を超えています。その後、他の芸人さんもどんどんユーチューブをやるようになりましたからね。そもそも吉本興業は、劇場からスタートして、ラジオやテレビなど新しいメディアができた時にうまく対応して、毎回新しいスターを生み出していますよね。新しい世界に行く時って、やっぱり批判や反対があったんですよね？

大﨑　ラジオに初めて落語家さんが出演した時に、タダの電波で聞かれたら、劇場にお金払ってきてもらわれへんっていうことで、吉本はバリケード作って、「ラジオなんかに出るな」って妨害したらしい。ところが、放送翌日「昨日のラジオを聴いた」ってお客さんが劇場に押し寄せたとたんに、「良かったなぁ」と態度が変わった。会社って、アホやな（笑）。ひとりの芸人さんの勘どころのほうが、ちゃんと時代を読んでるんよ。

坪田　4月28日には、UUUM（ウーム）さんと吉本が資本業務提携をすることが正式に発表されました。UUUMさんは、HIKAKINさんなどのユーチューバーのマネジメントや配信の事業を成功させた会社ですから、これから吉本の芸人さんがユーチューブでますます活躍していくと思います。

大﨑　吉本のDX（デジタル・トランスフォーメーション）化の入り口はやっと整ってきたかなという感じやね。DX化とデジタル化を同じもんやと思うのは勘違いや、というようなことを、岡本社長以下にどう説明するかっていうのが、最近のいちばん大きな仕事やったかな。これまでの上に築くんじゃなくて、乗り換えるんや、ということを明確にしたかった。いままでの仕事も大切やけど、新しい星を作るつもりでやらなあかん。まぁ、まだ全部は伝わってないところもあるけど。坪っちゃん、デジタル化とDX化の違いって説明してくれる？　本気で語ったら1冊の本になってしまうと思うけど。

坪田　実は日本の企業って、デジタル化とDX化の違いがわかってなくて、それで失敗してることが多いんですよね。リアル店舗を持っている企業は、あくまでもリアルがメインで、ネットを利用してビジネスをすればさらに儲かるという発想から抜け出せていない。いまはもう主従が逆なんです。OMO（「Online Merges with Offline」オンラインがオフラインを融合するという意味）と言うんですが、すべての顧客接点がデジタル化され、その顧客がたまにオフラインのリアル店舗に来るという考え方が主流になっている。

その典型がアマゾンです。最初はネットの本屋さんだったアマゾンがいまはあらゆるものを売っていて、画面をタップすれば、次の日には商品がうちに届くシステムが当たり前の時代にした。しかも、ネット上でユーザーの行動情報を蓄積しているので、どうやったら商品が売れるかということが完璧にわかってる。最近、彼らは「アマゾン・ゴー」という、コンビニやスーパーマーケットのリアル店舗を作り始めたんです。スマホの認証機能で、お客さんが持って出た商品を自動的に決済するという、レジがない店舗です。そこでは、どんなお客さんがどんな動線で店舗内を歩いて、どんな順番で商品を手に取ったかといった行動までデータ解析できちゃう。すると、多くの人がいちばん見た棚に置く商品からは販売手数料を高く取ることもできる。30代の女性が入った時にいちばん目の行く確率の高い棚に購入履歴の多かったものを並べれば売上があがる、というような細かいデータも集められる。そのデータは、リアル店舗でもネットスーパーでも使えるんです。ネットスーパーのサイトに入って来た瞬間に、その年齢や購買履歴からその人が買いそうなものを、パーッと目につくポジションに並べるとか、簡単にできてしまうでしょ。デジタルの接点がまずあって、あらゆる店舗にそれを結び付けながら、アマゾンがいろいろプラットフォーム化しているというわけです。

当たり前のように顧客とデジタルの接点が常にあって、たまにリアル店舗に来てもらおうというぐらいの発想がないと、新しい世界はできない。それがすなわちDX化なんです。そういうことを、日本の多くの企業のトップはまだ理解していない。なぜかというと、これまでの世界での成功体験を持っていて、そこに固執してしまう人が多いから。ところが、大﨑さんは、これまで劇場やテレビを中心とした、オフラインビジネスで大きな成功を収めてきた吉本という会社で、これまでとは違う価値観で新しい地球をもうひとつちゃんと作って、デジタル展開をしようと発想している。そんな人、僕は日本の経営者で見たことがありません。

大﨑　もうひとつのよしもと地球を作るということは、新しい人種というか、いわば宇宙人が来て作ってくれたほうがうまくいくよね。これまで劇場やテレビの現場で何十年も働いた人間が、「頭を切り替えて、デジタルやります」って言うたって、うまいことでけへん。若い人に「任せたで」って言うても、同じ土壌の上でやってると思うと、口出ししてしまいがちやから。でも、自分たちがこれまでいてた星と別の星を作るんやと発想できるようになったら、若い人たちを中心にやっていこうって、自然になる。

社長の岡本っちゃんは、毎日小一時間くらい、僕のところに雑談しに来てくれるんやけど、「6月1日に電子チケットを発売して、6月6日からは有料ライブ配信を始めます」、「劇場での興行はソーシャルディスタンスを守って6月19日にオープンし、興行の収入と配信の収入と両方でやっていきます」、「タレントへの支払いはこのぐらいを検討してます」、「若い社員を中心にやってます」というようなことを報告してくれてます。今年4月に入社した社員もウエブ会議しかやってないのに、もう活躍してくれてるらしい。そこで僕も、「そもそも漫才というのは」「舞台というものは」とかって、口をはさむことはしないようにしてる。いい意味で勝手にやってくれてます。DX化に向けて、新しい組織図も考えてくれてるみたい。だから、DX化の入り口は、うまくいったかなと思ってます。

竜巻のような変化に対応できるのは〝いらち〟やから

坪田　大﨑さんが10年前からデジタル化を考えて準備してきたから、コロナでその必要性が高まったいま、すぐに動けるんですよね。大﨑さんほど成功を積み上げてきた人が、どうして過去の成功体験に固執せずに、新しいことに向かっていけるんですか。

大﨑　要は〝いらち〟なんよ。関西弁のいらちって、標準語で言うと、せっかち。おばあちゃんも、いらちゃったんや。ご飯を作ってくれる時に、「早よ食べ、早よ食べ」ってずっと言うてて、最後のおかずかご飯を口に入れたら、口動かしながら、台所へ歩いてもうお茶碗洗ってたっていうような人やった。おかげで僕も、いらちやねん。いいように言えば決断が早いというか、何も悩まずに進むというか。だから、別に強い信念があってそうしてるわけじゃない。ただ、いらちなだけやけど、それがたまたま吉本という会社で、うまくはまったというのはあったんかな。

坪田　トヨタ自動車が、カーシェアリングの上をいくシステムというか、自動運転ができる車にある地点まで乗って用事がすんだら、別の人がその車に乗るというふうに、バスのように車を利用できる月額制のサブスクリプションサービスを始めるそうなんですよ。もう個人に車を販売するという発想ではなくなっている。成功するビジネスは、そこまで大きく転換しているんです。大﨑さんは、劇場やテレビの世界で大成功してる最中から、なんで急にデジタル化にピンときたんですか？

大﨑　何かの拍子で読んだ言葉にいたく感動したんです。深くは理解できてないんやけど、もう一個のよしもと地球を作るというのがぱっと視覚化されて、そこから、いろいろ自分の中で想像がふくらんだ。これまでのリアルな吉本の地球と、デジタル化された新しいよしもと地球と、ふたつあったらいろんなことできるなぁっていう勝手な夢想が僕なりにできあがったんで、まわりに「早よやって、早よやって」って言うて、任せてるだけ。

坪田　たしか、「デジタル化で流通が変わる」という言葉に衝撃を受けたんですよね？

大﨑　そうそう。名前は忘れたけど、インターネットに詳しい方がそうおっしゃっていて、僕の中でストンと納得できたんですよ。同じようなことが前にもあって、かつて衛星放送が始まった時に、当時、大阪の毎日放送の社長か会長やった斎藤守慶さんが、「これからは空から電波が降ってくる」とおっしゃって、この言葉ですごくテレビが変わるというイメージができた。それまでは、奈良の生駒の山にテレビ塔が立ててあって、心斎橋筋2丁目劇場から生中継する時なんか、技術さんやらいっぱい劇場に来はって、許可もいろいろ取ってとかやってたけど、そういう電波の中継作業がなくなるということは、テレビが違う局面に入るんやと実感したんです。

もっと古くで言うと、高校3年の時に、卒業したらお惣菜の材料を家庭に届ける仕事をやるっていう同級生がいてね。僕は10代の頃、大阪の堺魚市場の仲卸《なかおろし》で朝の4時からずっとバイトしてたんで、「仲介なんかなくして、直接売ったらええのに」と思ってたんやけど、その友達の話を聞いて、もう八百屋さんやスーパーに買い物に行かんでも、家に届いた材料でカレーが作れる時代が来るんやなぁって感じた。そんなこともあって、「空から電波が降ってくる」とか「デジタル化で流通が変わる」という言葉が、ストンと自分の中に落ちたんやと思う。

坪田　まさに科学的思考ですよね。自分の経験を一般化して、未来を予測するっていう。

大﨑　それが特殊な経験からではなくてね。普通のサラリーマンの家に生まれて、普通に暮らしてた僕が思いついたイメージなんで、だからこそ正しいんじゃないかと、僕なりに思ってるんです。僕はほんまに普通やねん。2つ上のお姉ちゃんが高校時代、「女学生の友」という雑誌をずっと買ってたんやけど。何問か質問に答えると、タイプ別に分類されるというような、心理テストみたいなコーナーがあって、僕も毎号やってたら、いっつも平均点やってん。それから、自分は普通の人で、平均点の人間なんやと思うようになった。だから、そういう普通の僕が思うことは、みんなが思うことやとずっと信じてるところがある。

坪田　大﨑さんは具体と抽象の転用をうまくされてるんだと思います。「デジタル化で流通が変わる」ということを、そこまでイメージできてる人って、ビジネス界でもそんなにいないですよ。感覚としての理解かもしれませんけど。

大﨑　まったくの感覚。ちっちゃな、断片の記憶がピピピッと結びついて、いらちやから、「あ、そういうことやな」って思っただけ。

坪田　アップルのスティーブ・ジョブズが言う「Connecting the Dots」というやつですね。自分の経験してきた点と点がパッとつながる瞬間に変化が起きることを言うんですが、大﨑さんの場合、パッとつながった瞬間にはもう動いている。

大﨑　おばあちゃん譲りのいらちやからね。思いついたら、すぐに動いてしまう。

坪田　流通が変化するなら、いまやりながら次をやらなってことにつながるんですね。

大﨑　そやねん。

坪田　技術革新というのは、「中継ぎ」をどんどんなくしていくものなんですよ。例えば電話で言えば、大昔は交換手がつなげていたものを、家庭にある固定電話で直接通話できるようになり、次は携帯電話の登場で、家の外からも個人対個人で話せるようになった。DX化というのは、デジタル・トランスフォーメーションですから、デジタルで形そのものが変わるっていうこと。だから、その流れでいくと、芸能事務所というのもこれからはその機能がいらなくなるはずですよね。中継ぎしていた会社やマネージャーさんを通さずに、タレントさんが個人で勝手にオファーとつながる形になっていく。そういう変化って、吉本のような会社は既得権を離したくないと、いちばん抵抗するはずじゃないですか。それを、大﨑さんは「もう一個の吉本を作るんや」と、乗り出していく。それも、いらちだからっておっしゃるんでしょうけど。

大﨑　変化というのは、一直線に上がるとか、階段を一段一段上がっていくというイメージじゃなくて、竜巻のようにすべてのものを巻き込んでうねりながら上がっていくっていうイメージがあるんよ。僕は、30年以上前、まだ兌換《だかん》紙幣（外貨兌換券）を使ってた時代から中国によう行ってたんやけど、その頃にちらっと読んだ文章でそんなことが書いてあって、確かにそうやなと思ってん。その頃の中国って、電話なんて地域に1台しかなくて、担当のおばちゃんに、申込書を書いて渡して、その場で料金を払って電話するような状態やった。ところが、しばらくしたら、もう個人が携帯電話を持ってるわけよ。各家庭に1台の固定電話とか、僕らが経験してきた順番をすっ飛ばして、進歩していってる。そんな中国の変化のスピードを見て、いろんなことがもっとスピードアップして、経過なんかすっとばして、竜巻のように進歩していくやろうと実感した。これまでの段階的に進歩していくものさしとは違う時代が来ると、その時から思ってたなぁ。

坪田　その時に、大﨑さんのいらちが活きたんですね。普通年を取るごとに人は丸くなるって言いますけど。大﨑さんの場合、いらちが加速してないですか？

大﨑　してる。年取ったほうが、いらちは加速するもんちゃう？　まぁ、ふたつあるかな。年取ったから、残りの人生短いのにゆっくり考えられるパターンもあるし、先短いからよけい気が短くなるというパターンもあるし。このふたつが混在してるものなのかもしれん。「吉本で元気に働けるのはあと5年か」とか思うと、「じゃあ何ができるか」って逆算するでしょ。例えば、アニメを作ってヒットさせたいと思ったら、それだけで5年かかるから、「他のことはしないで、これに専念します」って落ち着いてやることもできるんやろうけど。僕は実際にクリエイトしていくことに、あんまり興味がないんよ。アイディアを出すのは好きなんやけど、一個一個作っていくのは面倒くさい。「絵コンテ、なんやそれ？　さっさと作って」となってしまう。過程やクリエイトに、あんまり興味ないんです。「こんなことしたい」「あんなことしたい」って思いついたら、「岡本っちゃんに、早よ言おう、言うたらなんとかしてくれるやろ」って、そんな感じ。

坪田　最近、僕は岡本社長ともよく話す機会があるんですけど、岡本さんはけっこうクリエイティブな発想力が豊かなんですよ。システムや構造の部分で、いろいろなアイディアが出てくる。

大﨑　そう。岡本っちゃん、脳みそ筋肉のくせになぁ。人は見かけによらんのよ。

坪田　そんな大﨑さんと岡本さんのコンビネーションも面白いですね。

大﨑　これから、芸能プロダクションがいらんようになるというのは、そのとおりやと思うし、みんな好きにやったらええんやけど。じゃあ、その時にどうしたらええかっていうのは、トークショーで中多くんが説明してくれたように、エージェンシーはパッケージングビジネスに移行していき、自らタレントの仕事を作ることが大事になってくると思います。吉本に所属していたら、自分の好きなテレビ番組や映画が作れて、それがSNSと連動できてというような、仕事を作れる会社にならな、あかん。

僕が吉本に入った時は、テレビ局から声をかけられて、芸人さんのスケジュールを確認して、仕事が決まったらタレントに伝えて、入り時間に気をつけて、現場では弁当の準備してって、それで一日が終わってた。僕は楽しかったけど、将来的にこんな仕事はなくなるだろうと思ったし、そしたら、新しい仕事を作ることが必要になる。

坪田　吉本はもはや芸能事務所ではなく、プラットフォームそのものですもんね。プラットフォームとして、知識やノウハウを集めて、場を作る。そして、人も最終的に集めていくということを、もうやっている。

大﨑　芸人さんやクリエーターさんと「あなたはクリエイティブに専念してください。あなたに最適な仕事をパッケージで作ります。吉本とエージェント契約しませんか？」という関係に今後なっていけばいいと思う。マネジメント契約なんてゼロにして、エージェント契約を中心にしたってええんや。その逆もまた真なりやけど。

坪田　ビジネスにおいて、競合相手を研究することって大切なんで、いろいろ調べて考えてみたら、いまの吉本のライバルって他の芸能事務所じゃなくて、電通やリクルートなんじゃないかと僕は思ったんですよ。

大﨑　これも何かで読んだんやけど、これまでは何かが流行するとか発展する時に、中心に才能のある人や大きな出来事があって、そこから同心円状に広がっていってたのが、インターネットの時代になると、世界のいろんな場所で同じような流行や発展が同時多発的に起きるようになる。それは、デジタル化されたせいだけじゃなくて、人の強い思いや祈りとかって、世界中でなんか不思議なつながりがあるからじゃないかって気もするんよ。

ネットのおかげでそれが顕在化しやすいというだけでね。そうなったらたぶん、エンターテインメントも変わるし、メディアも変わっていく。まぁ、僕はもうおじいちゃんやから、その結果、世界がどうなるかまでには関われへんとは思うけど、時代の空気感は感じていたいし、新しいいまを楽しめるノウハウは持っておきたいなぁと思う。

坪田　大﨑さんは、今後、ダウンタウンさんを超えるスターは出てくると思われますか？

大﨑　これまでは正直、出てけぇへんかなぁと思っててんけどね。でも、プラットフォームが変われば、可能性は大いにあるんと違うかな？

「地方」と「アジア」にこだわった理由

大﨑　僕は社長になった時に、「デジタル」「アジア」「地方創生」の3つのテーマを掲げました。理念を言葉にするのも違うなと思ったし、でもなんかわかりやすい言葉は示したほうがええなと思ったので。なんで「地方」をひとつの柱にしたかっていうと、単純やねん。僕は新幹線でしょっちゅう移動してるんで、最初の頃は窓の外を見ながら、海を見たら「魚を捕って食べてはるんかな」とか、山を見たら「林業の人が多いのかな」とか、単純な想像するのが好きやったんやけど。ある時、夕暮れの車窓を見ても、イメージがまったくわかんようになってたんよ。東京の放送局と会社を行き来するだけで、視聴率がどうとかばっかり考えてるうちに、「自分はおかしくなってる」とショックを受けた。その時、もっと地方のことを知らなきゃいけないと感じたんです。余談やねんけど、当時、東京―大阪の3時間ぐらいの時間でやってたことがふたつあって。ひとつはいままでつきあった女の人の名前を書きだすってこと（笑）。もうひとつは、ポスト・イットという貼る付箋が出来た頃やったんで、車窓を見て思いついたことを書いて窓に貼っていくってことをやったんよ。その時に、「地方」っていう言葉が出てきたっていうのがあるんです。

「アジア」というキーワードが浮かんだのは、若い頃、深夜の大阪駅のプラットフォームのはしっこで、お弁当をボソボソッと食べてた時。みじめやなぁというのと、アジアっぽくて嬉しいなぁという気持ちと両方あったんですよ。当時のアジアって、韓国でもタイでもインドネシアでも、割とひとりでボソボソッと食べてる人が多くてね。ご飯食べながら、日本人とほかのアジア人の琴線に触れるところは一緒じゃないかと思ったんですよ。神様も違うし、お祭りの仕方も違うんだけど、根底にあるものは何か通じるものがある。エンターテインメント文化として共通のものができるんじゃないか、と感じてね。これから発展していくアジアに魅力を感じたというのもありました。

実はアジアでのビジネスはこれまでもいろいろやってきて、1988年のソウルオリンピックまで、4百回ぐらい韓国に行って、その後も百回ぐらい行ったんです。中国は上海を中心に3百回ぐらいか。「大崎、何を勝手なことしとんねん」と言いながら、よう会社も許してくれたと思うよ。いろいろビジネスも仕掛けたけど、失敗ばっかり。共産党一党独裁の中国とうまくやるのは難しかったし、韓国は当時、日本の文化を一切入れないという状況で、「一緒にやりましょう」と言っても、「何言うてんねん」という状態でね。

ただ、そういう僕の失敗の歴史を語っても、いまの時代に参考にならんやろうから、苦労話はあんまりせんとこうと思ってます。いま、岡本っちゃんたちが中国行ったり、MCIPホールディングスの清水さん（吉本興業ホールディングス副社長・海外事業担当）がアジアに行ったりしてくれてますけど、僕の経験なんか関係なく、どうぞ自分のやり方でやってくれって思ってる。そのほうが全然いい。まぁ、自分で勝手にアジアに行きたいとは思ってるけど、会社としては、岡本社長とみんなが全部やるってことで、いいと思う。デジタル化に関してもしかり。僕は口出しせず、みんなに任すってことで、すっきり考えています。

坪田　お話を聞いていて、大崎さんのキーワードはふたつあると思うんです。ひとつはラテラルシンキング。水平思考というものですね。ロジカルシンキングとの対比でよく使われるんですが、ロジカルの場合は、例えば、11個のミカンを3人で分けるとしたら、3つずつ取って、残りのふたつを3等分しましょう、と考える。ラテラルシンキングができる人は、「腹減ってないから、俺は1個でええわ」とか、「俺はリンゴ食べるから、ミカンはいらない」と違うものを持ちだしちゃうとか、「ミカンふたつもらって、それを米と交換して、お腹いっぱいにする」って発想もでてくるかもしれない。大﨑さんの話を聞いてると、新幹線でつきあった女の人の名前を思い出した話と、窓から見る景色で思いついたことをメモしていたら地方創生に行き着いたって話は、何ひとつロジカルじゃない（笑）。でも、ラテラルに水平思考してるから、デジタルや、地方や、アジアとかってキーワードがポンと出てくるのかなと思います。

もうひとつのキーワードは、わらしべ長者。田舎で寝てばかりいた自堕落な子が、急にお金持ちになりたいと思い立ち、観音様に聞きに行き、言われたとおりに行動を始め、最初にこけてつかんだ藁をいろんなものと交換しながら、最終的にお金持ちになるという話です。わらしべ長者が凄いのは、まず強く願いを持つということ。次にいちばん真理を知ってる観音さんに聞きにいって、言われたことを素直に実行すること。そして何より凄いのは、困ってる人を助けて、常に人のために動いたこと。わらしべ長者は、いいものがほしくて交換していったんじゃなくて。泣いた子をあやすためにアブをあげたり、のどが渇いている人にミカンをあげたり、弱っている馬を世話したりしているうちに、持ってるものの価値が上がってさらにいいものが手に入っていく。これって投資の世界でもそうなんです。いま業績のいい大会社の株を買っても、お金持ちにはなれない。僕の友人で紛争が続くコソボの隣町の土地を買った人がいるんですけど。いま困ってるところに投資した方が、この先の発展に役に立つし、しかも儲かるという発想なんですね。人のために動くことが、ビジネスになっていく。大﨑さんもそんな、わらしべ長者みたいなところがあるんじゃないかなと思ってます。

大﨑　僕は入社してずっと、ちょっと前まではホンマにアホみたいな仕事しかできてへんかったから（笑）。お笑いタレントのマネージャーって、仕事は単純やからね。これがミュージシャンのマネージャーなら、レコード会社と交渉したり、マーケティングしたり、歌詞の選び方、楽曲の作り方、アレンジの仕方、プロモーション展開、いろいろ頭使う仕事があるじゃないですか。でも、僕らは、放送局から仕事の依頼が来て、それをタレントさんに伝えて、現場に行くだけ。タレントさんがイヤって言ったら、本人が断ったっていうのは角がたつから、「この仕事はいまはさせられません」とエラそうに言うとか（笑）、その程度で。あとは、現場に行って、煙草やお弁当を買いに行って、終わったらタクシーチケットもらってタクシー呼んで、それで一日終わった、というのが何年も続いた。このままではアホになると、ちょっとは工夫しようと思って、スタジオのすみっこで、ボーッとひとりで立ってる時間に、「もし俺がこの番組のプロデューサーやったら、どうするやろう？」って想像するようになったんです。照明を変えたいなぁと思ったら、いまどうやって照明を作ってるか、いろいろスタッフに聞いたりして。そしたら、人件費はいくらで、セットを組むのにどのぐらいの予算がかかるかわかるから、頭に描いたように電飾を作ろうと思ったらプラス50万円かかるなぁとか、予算も含めて考えてみたり。いまさらそんなん人に言うのはカッコ悪いけど、そうやって、想像で勉強してたっていうのはありますね。

　あとは、現場に嫌いなヤツってやっぱりおるやんか。なんかこの相手と打ち合わせするのイヤやなぁって思うことはいっぱいあったんやけど。でも仕事やから、避けるわけにもいかんでしょ。そういう時は、嫌いな人といかに仲良くなれるかっていうゲームと思ったらええんや、って決めて。会った瞬間「嫌いやぁ、こいつ」と思っても、自分から近寄って「おはようさん」ってニコニコしながら挨拶したり、「この服ええなぁ、どこで買《こ》うたん?」とかどんどん話しかけるっていうことを、その頃やってたなぁ。演技で挨拶してるって、仁鶴さんにバレたこともあったけど(笑)。まぁ、仲いいふりしてるうちに、相手も打ち解けてくれるようになるし、なんやったら、自分も相手のこと好きになったりするから。そうやって、ゲーム化して、アホになりそうな状況とか、うまくいかん時を乗り切ってきたというのは、あるかもしれないです。

掛け算を超える累乗思考のプロデュース魔術

大﨑　さっき、DX化を進めてもうひとつのよしもと地球を作るって話したけど、その一方で、人と会うことや生で体験することは、ますます大事になると思うんで、劇場での公演や生でイベントをやることも、デジタル化と両極端なことではあっても、バランスをとって動いていくのは大事なことやと思う。

坪田　大﨑さんは弁証法的な思考もされている。弁証法の本質は多様性だと思うんですよ。別のものをとりこみながら、らせん状に発展していくのが弁証法なんじゃないかと、僕は思っています。例えば、コミュニケーション手段で言えば、手紙から電話、次はメールの時代になったわけですけど。実はメールは文章を書くという手紙の要素があって、その機能を内包しながら、新しいテクノロジーが生まれている。一方で、いまも誕生日には、直筆の手紙やカードを送ったりすることもあるわけで、手紙も電話もメールもそれぞれ残っている。エンターテインメントの分野でも、デジタル化が進んだとしても、劇場は残るはずなんです。多様性として必要だから。

大﨑　僕は心斎橋筋2丁目劇場をやる時に、「メディアとして違うジャンルなんや」ということを大きく意識した。その頃、周りは「早く売れて、なんば花月のような大きな劇場に出られるような芸人さんになりなさい」って空気やったんやけど。たった114席の2丁目劇場では、ネタの選び方も表現方法も違う。発展の仕方も当然変わってくる。その時は細分化という言葉はあんまり使われてなかったけど。これからいろんなメディアが出てくればくるほど、細かいところへ深掘りすることになっていくんやと思う。人の興味や表現の方法も、もっともっと多様化して、細かいところやニッチなところに向かう時代になるんと違うかなぁって思ってます。

いろいろやってると、時代の空気を読み間違えることも、失敗することも、正直あるけど、それは素早くチャレンジして、失敗したら素早く反省して、また立て直したらええだけのことやからね。大きく張って大きく儲けたり失敗するというより、小さく張って小さく失敗して小さく修正して、積み重ねていくというのが、細分化していく時代では、正しいやり方なんやと思うんです。とりあえず行動してデータを取って、改善していけばええんよ。坪田くんがずいぶん前に書いてくれた「吉本2・0」の企画書には、最初から、そう書いてあったよね？　最近になって見直して、やっとわかったわ。

坪田　大﨑さんは、掛け算というより、累乗思考だと思うんですよ。3の4乗とか7の3乗とか、掛け算ではあるんだけど、元の数字の存在が大きくて、掛け算にあんまり見えないでしょう？　トークショーの1回目の時に、会場の人たちとしゃべって、すごく盛り上がったじゃないですか。ひとりひとりが満足してくれた上に、みんな大﨑さんのことを好きになったし、僕のことや吉本のことも好きになってくれたと思うんですね。終わった後に、関係者の方々に感想を聞いたら、みんながみんな「大阪の人って、本当に面白いですね」と言ったのが驚きでした。でも、あの場を面白くさせたのは、間違いなく、大﨑さんなんですよ。誰がやっても、盛り上がったわけじゃない。でも、「大﨑さんが面白くさせた」じゃなくて、素材そのものが面白かったと思わせてしまう。それが、大﨑さんのプロデュースの魔術なんですよね。

大﨑　それはトークショーの初回やったし、会場に行った瞬間に、なんか空気をひとつにしたいと思って、そうしただけのことやねんけど。

坪田　結果的に、「大阪の人が面白い」と思わせて、しかも大﨑さんが掛け算したのがわからない。だから、累乗なんです。例えて言うなら、鯛そのものが旨いと感じられる調理をしているようなものだと思います。どんな鯛でも、そのまま出して旨いわけがない。鯛をさばいて、切って、盛り付けて、鯛に合うしょうゆやワサビを選んで、料理を楽しめる場や雰囲気まで用意して、それで「鯛が旨かった」と言わせる。決して、調理や出し方がいいと言わせるわけじゃない。ダウンタウンさんについても、そうだと思うんですよ。多くの人は、ダウンタウンさんが凄かったと思ってるでしょうけど……。

大﨑　ダウンタウンは最初からチョー面白かったで。誰がマネージャーやっても、やっぱり売れたと思うわ。僕は女の人をくどく時と一緒で、タレントさんと仕事する時も「お前だけや」ってくどく気持ちで、仕事してきただけやねん（笑）。ほんまは1アーティスト、1マネジメントが理想やけど、吉本ではいろんなタレントさんを担当せなあかんかったというのもあって、シンプルに相手というか素材を見て、「おまえだけや」って言いながら、「おまえのためのワサビや」「おまえのために大根を盛り付けてるんや」というふうに、仕事を進めていっただけ。芸人さんはそれぞれ違うから、それぞれの良さを見つけて、西川のりおさんの担当の時は「のりさん、おまえにしかこのネタはでけへん」、吉本新喜劇担当の時は、池乃めだかさんに「いてもらわんと舞台になりません」とか、僕は本気でみんなに言えてしまえるんよ、ええかげんな性格やから（笑）。まぁ、相手のほうは、「大﨑、他の人にもそう言うてるんや」とわかってるやろうけど、それでも頑張ってくれたから、結果が出てるんでね。こっちとしてはその時は、「おまえだけや」ってほんまに思ってるんよ。だって、それぞれにみんなええとこあるもんね。

芸人さんに対してだけじゃなくて、社員やいろんな人と仕事する時も、同じ。才能とか能力も大事やねんけど、「ときどき、ちょっと恥ずかしい顔するのがええから、一緒に仕事したい」って、誘ったり。「この人が会議におってくれたらほっこりするから」って、会社に呼んだり。外部から呼ぶ人は特に、グループ全体の中とは違うものさしのある人にいてほしい、という部分もあるでしょ。なんか、ええとこ見つけて、つながっていくうちに、その人が頑張ってくれるっていうのはあるかなぁ。

坪田　それはまさにプロデュースですね。ただ、どの素材をどう料理するかで最大限に活かすというところまでは理解できるんですけど、大﨑さんの場合、自分の影響を見せずに、それを素材の味だって思わせてるところが凄い。ダウンタウンさんがスターになったのは才能があったからだとみんな思ってて、いろんな局面で掛け算されたことに、誰も気づかない。例えば、大阪から東京へ行く時を考えると、成功して自分がちょうどいい感じになった状態を、心理学的にはコンフォートゾーンと言うんですけど、せっかくつかんだ成功を手放して次の世界で勝負するというのは、辛いことなんですよ。大﨑さんとそれまで信頼関係を築いていたからこそ、コンフォートゾーンから次の世界に踏み出せたっていうのは、あると思うんです。

大﨑　才能は本人たちが持ってるんやけども、どのタイミングで、どんな人とつながって、どんな場に出たら、その本来の才能が開花するか。あるいは、触発されてより力を発揮するにはどうしたらええかということは、僕も考えたかもしれん。

坪田　僕が大﨑さんを累乗の人と表現したのは、そういうことなんですよ。大﨑さんって、この人のためなら何でもしたいって思わせるところがあるんですよね。三国志で言えば、劉備玄徳タイプというか。関羽や張飛や諸葛孔明が、信頼を寄せて、奉《たてまつ》るような人。「士は己を知る者のために死す」という言葉がありますが、優れた人は自分のことを本当に理解してくれる人のためだったら、命を投げ出すこともいとわないという意味なんです。逆に言うと、ほとんどの人は、自分のことをわかってもらえないと思ってる。大﨑さんは、愛情を持って相手のことを理解し、この人はこうしたら伸びるっていうことをずっとプロデュースされてきた方だと思いますよ。

ダウンタウンと一緒に吉本を辞めようと思ったことも

大﨑　振り返って、アホの僕がなんとかこれまで仕事できてきたのは、吉本に入ってタレントさんに仲良くしてもらったり頼られたりしたから頑張れたというのと、東京事務所で若い時に上司の木村政雄さんに、死ぬほどしごかれたっていうのが大きかったかな。
　正直、吉本を辞めようと思ったことも2、3回ある。木村さんに「大﨑、一緒に吉本を辞めへんか」って誘われて、「わかりました」って答えて、当時もう人気が出てたダウンタウンにも声かけようと思って、「吉本を辞めようと思ってるねん」と相談したんです。松本は僕の住んでたマンションまで来て「一緒に辞めるのはええですけど、この形でええんですか？」ってめっちゃ親身になってくれた。浜田に別の日に相談したら「それはええんですけど」って流して、あの番組はどうでこうでって、関係のない話ばっかりするんよ。「いや、だから、俺、吉本辞めようかって大事な話してるねん」って言うても、「それはかまへんので」って、やっぱり「あの仕事はこうでこうで」って話をするだけ（笑）。結果ふたりともOKやったんで、木村さんに報告してんけど、結局木村さんは辞めへんことにしたので、僕もそのまま。まぁ、それほど真剣に辞めたいってわけではなかったんやな。

坪田　大崎さんは吉本を良くしたいという、愛社精神はめちゃくちゃありますよね。

大崎　社長になった時に、会社をつぶしたらあかんっていうのは強く思ったけどね。「やっぱり、大崎、吉本つぶしよったぁ」って言われるのは、カッコ悪いから（笑）。まぁ、愛社精神というわけやないけど、「吉本は家族や」みたいな言い方をしてしまうのはあるかな。入社した当時は特に、他にすることがないとか行くところがない人や、あるいは芸事が好きで好きで集まった集団という感じがあった。それから、会社としてはちゃんとした形に変わってきた部分はあっても、行く場のないもんが人を笑わせることで生きていってる集団であるのはいまも同じで、そこでのつながりみたいなのを言葉にする時に、「新しき村」っていうと変やし、「共同体」っていうと左がかってるみたいやから、「家族」って言葉で表現してるだけなんよ。そこでの社長というのは、なんかあったら、社員よりも芸人さんよりも先に舞台にあがって、「へーい」って手をあげて踊ることが役割と思って、僕はやってきました。別に家長とかリーダーとかってわけじゃなくてね。事件があって批判を受けた時も、なんやったら、「刺したろか！」と脅された時も、「すんません、へーい」って踊る人が、社長。ホンマは、相手によってやり方を変えたほうがええんやけど、そんな賢いことでけへんから、とにかく陽気に踊るということで乗り切ってきた。

坪田　沖縄国際映画祭の挨拶でも、必ずボケてらっしゃいますもんね。そんな社長、他にいないですよ。

大﨑　だって、吉本やもんね。しゃーない。へーい（笑）。ただ、これはあくまで僕の考える社長像で、岡本っちゃんが社長になったからといって、「最初に踊れ」ということではないよ。岡本っちゃんの考える社長をやったらええんです。自分が会長になってからは、また意識も変わって、だんだんおじいちゃんの気分になってます。子ども相手は責任あるけど、孫やったら責任ないし、「孫は可愛い」ってスタンスでええかなと思ってる。まぁ、会長になってすぐは口出ししてしもたこともあったけど、それもコロナの自粛生活でやっとふっきれたし。岡本っちゃんはいまも毎日報告にきてくれるけどね。大﨑がひとりでじっとおるから可哀想やなと思ってきてくれてるんと違うかな？　最近も、「新しい会社の組織図を考えています。坪田さんに考えてくれってお願いしときました」って言うてたわ。坪田さんに頼めば確かやから。いろいろお願いしてます。

坪田　僕でお役に立てることがあれば。

大崎　僕が口出したのは、岡本っちゃんに吉本興業ホールディングス代表取締役CEOという肩書をちゃんと付けろということだけ。岡本っちゃんが代表やねんから、はっきりわかるようにCEOと書いたほうがいい。あとは、組織図に関しても、デジタル化に関しても、報告受けて「そうなんや」「そうなんや」って言うてるだけ。これから僕は、もっと頻繁に大阪に行ったり、地方の旅に行ったりしたいなぁって思ってる。もうすぐ67歳で、限界も見えてるし。種はいろいろ蒔いてきたつもりやけど、これからはみんなが自分たちで勝手に水分吸って光合成して、さらに種を蒔いてくれるやろうから。まぁ、なるべく岡本っちゃんの邪魔せんようにして。ただ、現場の感覚や時代の空気みたいなものは感じていたいので、いろんなところ行ってブラブラするつもり。デジタル化の仕事進めてるくせに、僕自身はパソコンがでけへんかったので、最近やっとタブレットを買って、いろいろ教えてもらってるとこです。そしたら、宮古島行こうが、インドネシア行こうが、連絡は取りあえるし。ますます自由になれるんちゃうかなぁと楽しみにしてる。

人生を終わる時、人間の幸せとは何か？

大崎　人間、明日死ぬか10年後に死ぬかわからんねんけど、人は人生を終わる時、幸せ不幸せ、成功不成功っていうのは、どう考えるんかなぁ？　坪っちゃん、どう思う？

坪田　人生の終わりですか……。僕のおばあちゃんが亡くなった時に、葬儀に千人もの人がいらしてくださったんですよ。祖母は佐賀県の田舎で幼稚園を経営していて、自分でも教えている先生だったんですけど、1期生だった教え子のおじいちゃんが、「坪田先生にお世話になって」とか言って集まってくださって。

大崎　素晴らしいなぁ。

坪田　そのなかに、都会で就職してお金を貯めて念願の車を買ったのに、ぶつけてすぐ廃車になってしまい、傷心の状態で故郷に戻ってきたという卒業生がいらして。帰ってきてすぐにたまたま祖母と道で会ってそのことを話したら、「その車、いくらなの？」と聞かれて、新しい車を買う費用を、祖母がポーンと出してくれたっていうんです。「私の老後に使うより、若いあなたが使って元気になって、世の中に貢献するほうがいい」と言ってくれたって。そんな家族の誰も知らないような話が、参列者の方から「お世話になりました」ってバンバン出てきて、びっくりしました。だから、千人も集まって、みんな心から泣いておばあちゃんを送ってくれてたんです。僕は「人生における成功って、こういうことなんだ」とすごく思いました。その人の人生が次の人にも受け継がれていくというのは、幸せなことですよね。

大﨑　うちのおふくろも、幼稚園の先生してたんです。50歳や60歳になった教え子の人たちが、いまもお墓参りに行ってくれるんよね。先生ってそういう幸せがあるんやね。

坪田　そういう意味で言うと、大﨑さんも、若い芸人さんやスタッフの方たちをたくさん育ててこられたじゃないですか。

大﨑　育てたのか、こっちが育てられたのかようわからんし。俺が死んだって、松本も浜田も、東野も今田もみんな、「忙しいから、葬式には行かんとくわ」ってきっとなるし、墓参りも来てくれへんと思うわ（笑）。

坪田　それは涙を見せたくないからじゃないですか、きっと（笑）。トークショーを始める時に、テーマを「約束」にしたいとおっしゃってましたよね。大﨑さんの、これからの吉本の未来に対する約束って何ですか？

大﨑　この前、雑誌の取材を受けた時に、吉本の企業マークである、人が笑ってるニコちゃんマークのバッジをつけて写真に写ったら、いろんな方面ですごい評判が良くて。僕の発言の内容より、バッジばっかり褒められた（笑）。あのニコちゃんマークに象徴されるような会社になったらええな、というのはあります。このマーク見たら、「あ、吉本や」

って、世界中の人が笑ってくれたらええなぁ。

坪田　あのマークは大﨑さんが採用されたんですよね？

大﨑　写真家の藤原新也さんの『藤原悪魔』（文春文庫）という本に、バリ島におった、眉毛をマジックでいたずら描きされた「マユゲ犬」っていう写真が載ってたんよ。その犬の顔を見たら、みんな思わず笑うそうなんです。それで地元で名物犬みたいになって、毎日みんなに笑われてたらしい。僕はその犬の写真を見た時に、人の笑顔ばっかり見てる、なんて幸せな犬やなぁって思ったというのがあって。僕が社長になって、新しい企業マークを作る時に、佐藤卓さんというチョー素晴らしい方にそのマユゲ犬のイメージを話して、人が笑ってるマークにしたいとお願いしたんです。ここから笑顔が広がっていけばいいなと思ってね。

坪田　いいですよね。幸せとか豊かさって、人によって尺度が違うと思いますけど、笑顔が吉本のＤＮＡであるというのは、すごく素敵だと思います。

大﨑　幸せっていうと、人それぞれやし。哀しいかな、人と比べてしもたりするやないですか。「あいつより、俺は幸せかどうか」みたいに、つい思うこともある。でも、笑ってる時って、そんなん忘れてるでしょ？

坪田　何も考えずに笑ってますよね。

大﨑　事業としては、これから若い人たちがいろんなジャンルで頑張って、今日よりいい明日の吉本を作っていってくれると思います。そして、どんな形でもいい、何年かかってもいい。辛いことがある人も、世界で貧しい暮らしをしてる人も、吉本の名前を聞いたり、吉本の何かに触れただけで思わず笑ってしまうような、「ああ、吉本ね」と笑顔になるような、そんな未来に向かえたらいいなぁというのが、僕が抱いている「約束」ですね。

あとがき「大﨑さんの引力」

取材・構成担当　伊藤愛子

「本を書いてほしいんやけど」と、大﨑洋さんから電話があったのは、2019年の1月のことだった。ダウンタウンの松本さんと浜田さんを約2年半取材し、『ダウンタウンの理由。』(集英社)という本を書いてから、20年以上の日々がたっていた。私もそこそこ年やし、自著ではない構成だけの書籍の仕事は、なんだかんだ言い訳して逃げることも多いのだが、大﨑さんの頼みでは断れない。もちろん、お世話になった義理があるからというのもあるけれど、大﨑さんに関わる仕事はとてつもなく面白いからだ。『ビリギャル』を書かれた坪田信貴さんとのトークショーが大阪で行われ、それを取材して本にするという企画自体が、何より刺激的だった。

『ダウンタウンの理由。』は95~97年に「Bart」という今はなき雑誌に連載し、その後、加筆して本にしたもので、松本さんが書いた『遺書』(朝日新聞社)と、浜田さんが歌った『WOW WAR TONIGHT』がそれぞれ2百万以上を売り上げた激動の時代、インタビューや現場取材をがっつりとさせていただいた。そのころ、大﨑さんはダウンタウンのチーフマネージャーとして、また吉本が全国区にビジネスを広げていくプロデューサーとして、敏腕をぶんぶんふるっていた。しかし、取材の現場でいちばん印象に残っているのは、大物ぶりではなく、その内側にある部分。

1995年の大晦日、浜田さんがH Jungle with tとして、紅白歌合戦に出場した時のこと。歌の途中で、松本さんがサプライズ登場するという趣向があり、日ごろの収録は現場マネージャーに任せている大﨑さんも、会場にやってきていた。生放送の緊張の中、無事に出演を終えた松本さんはひとりの楽屋に戻り、すぐにメイクを落とし始めた。と、その姿を見て大﨑さんはふたつ並んであった洗面台の片方にまず水を出した。そこで松本さんは顔を洗い始める。少し水の出が悪い蛇口のようだった。すぐさま、大﨑さんは隣りの洗面台に温度を確かめながらお湯をためる。松本さんがお湯をはった洗面台にうつり、顔をつける。その間に最初に使った洗面台を大﨑さんはさっと流して綺麗にし、すすぎ用として新しい水を出す。次は新しいタオルを鏡前に置く――。そこに言葉はいっさいなく、相手の動きを細かく察し、流れるような動きだった。その頃からあらゆる枠をこえてビッグビジネスを手がけていた大﨑さんだが、タレントさんのためにかゆい所に手が届くように動くマネージャーとしての仕事が、この人の原点なのだと、あらためて感じた瞬間だ。交渉ごとではタフな対応の時もあったが、普段は我々ペーペーの取材陣にも、誠意を持って動いてくださる方で、根は優しい。しかし、現場マネージャーをはじめ、吉本のスタッフさんは、大﨑さんのいる場では明らかに緊張感が走っているというのも、確かだった。おそらく厳しい上司なんだろうと思う。怒るとか、命令するとか、そういうことじゃなくて、「自分の可能性のギリギリまで出さないと、この場にはいられない」というオーラというか緊張感を、大﨑さんもダウンタウンも、かもしだしていたところがあった。

松本さんも浜田さんも大﨑さんに対して、絶大な信頼を寄せていた。「ダウンタウンの弱点は何ですか?」という質問を松本さんに投げかけた時に、「大﨑さんがたまに泣きよるんで。まぁ、ウソ泣きなんでしょうけど。僕も浜田もそれには弱いんじゃないですか」という答えを97年の取材時点ではされていた。今聞いたら、違うことを言われるかもしれないけれど。

昨年、吉本には騒動があり、もろもろ批判された時に、松本さんが「大﨑さんは、兄貴なんでね」と、すぐさま行動されたのを、ご存知の方も多いだろう。

本書は、そんな大﨑さんが、会ったその日に社外役員になることを頼んだという坪田さんとトークショーを開催し、そこで、ダメ社員からスタートした話や、芸人さんとの関係や、いろんな騒動をどう乗り越えたかや、デジタル化へ発想を切りかえたことや、これからやりたいことや、日ごろよく口にする「アホでも生きていける」ということなど、いろんなことをしゃべりまくったのを、まとめた本です。

大﨑さんがあれこれ語られたことも、坪田さんの分析や解説も、ゲストの方のお話も、めっちゃ面白かったので、なるべく手をくわえず、しゃべったまんまの声や空気が伝わる文章にしました。つまり、私はあんまり仕事をしていません。すいません。

内輪の話になりますが。この本の企画が進行中だった2019年4月、『ダウンタウンの理由。』の雑誌連載と書籍の編集担当として尽力してくれた、集英社の加藤康太郎さんが、亡くなりました。50歳にもならない若い身空で、酒の飲み過ぎで逝ってしまった。お世話になったので一応お知らせしたら、お通夜の席に大﨑さんはわざわざいらしてくださった。普通でいけば、弔電を送るぐらいで充分な関係性だと思う。なのに、大﨑さんは飲めない身で酒の席までつきあって、「大変お世話になって」と、故人の仕事ぶりを讃えてくださった。何よりのたむけだった。ありがたかった。

大崎さんは人のためにいちばんに動く。だから人は大崎さんのために動く。いろいろ批判もございましょうが、私はやっぱりそこを信じる。湧き出るようにやりたいことがある大崎さんはその熱で人と繋がり、自らも動き回って、大きなエネルギーの渦を作って、世界を変えていこうとしている。その渦に巻き込まれたら、大変であっても、とてつもなくエキサイティングだ。

実際の大崎さんは、この本より何万倍も面白くて凄い人ですが。エネルギーが濃ゆいんで、本を読んだだけでも、味はけっこうするはずです。お楽しみください。

大﨑　洋（おおさき ひろし）

1953年、大阪府生まれ。関西大学社会学部卒業。1978年4月、吉本興業株式会社入社。数々のタレントのマネージャーを担当。1980年、東京事務所開設時に東京勤務となる。1986年、プロデューサーとして「心斎橋筋2丁目劇場」を立ち上げ、この劇場から多くの人気タレントを輩出。1997年、チーフプロデューサーとして東京支社へ。その後、音楽・出版事業、スポーツマネジメント事業、デジタルコンテンツ事業、映画事業など、数々の新規事業を立ち上げる。2001年に取締役、その後、専務取締役、取締役副社長を経て、2007年、代表取締役副社長、2009年、代表取締役社長、2018年、共同代表取締役社長CEO、2019年、代表取締役会長に就任。

坪田信貴（つぼた のぶたか）

坪田塾塾長。累計120万部突破の書籍『学年ビリのギャルが1年で偏差値を40上げて慶應大学に現役合格した話』（通称『ビリギャル』、KADOKAWA）や累計10万部突破の書籍『人間は9タイプ』（KADOKAWA）の著者。これまでに1300人以上の子どもたちを子別指導し、心理学を駆使した学習法により、多くの生徒の偏差値を短期間で急激に上げることで定評がある。大企業の人材育成コンサルタント等もつとめ、起業家・経営者としての顔も持つ。テレビ・ラジオ等でも活躍中。近著に『才能の正体』（幻冬舎）がある。

【取材・構成】
伊藤愛子（いとう あいこ）

インタビューを中心に活動するフリーランスライター。著作に『ダウンタウンの理由。』（集英社）、『プロ会社員が組織を動かす』（アスペクト）、『視聴率の戦士』（ぴあ）、『40代からの「私」の生き方』（ポプラ社）がある。

文春新書

1275

吉本興業《よしもとこうぎょう》の約束《やくそく》 エンタメの未来戦略《みらいせんりゃく》

2020年8月20日　第1刷発行

著　者　大崎　洋
　　　　坪田信貴
取材・構成　伊藤愛子
発行者　大松芳男
発行所　株式会社　文藝春秋

〒102-8008　東京都千代田区紀尾井町3-23
電話（03）3265-1211（代表）

印刷所　理想社
付物印刷　大日本印刷
製本所　大口製本

定価はカバーに表示してあります。
万一、落丁・乱丁の場合は小社製作部宛お送り下さい。
送料小社負担でお取替え致します。

ISBN978-4-16-661275-8